GEMEINSAM ENTDECKEN

KOPENHAGEN EINMAL ANDERS
An Kopenhagens Stränden lässt es sich perfekt entspannen

KLIPPENWANDERUNG BEI MØNS KLINT
Spaziergang mit Aussicht oberhalb der weißen Kreideklippen

KARIBIK-FEELING AN DER OSTSEE
Dueodde ist Dänemarks Antwort auf Karibik und Südsee

SCHÖNER REISEN
MIT KINDERN

FAMILIENREISEFÜHRER

DÄNEMARK

Inhalt

Dänemark

4

DIE TOLLSTEN ATTRAKTIONEN FÜR KINDER

Vielfältige Natureindrücke

5

GUT ZU WISSEN

CARL UNDÉHN ist im schwedischen Västerås aufgewachsen und lebt seit 2007 in Hamburg, wo er als freier Journalist und Fotograf tätig ist. Die Überarbeitung und Aktualisierung des Familienreiseführers Dänemark fiel ihm leicht, denn schon als Kind verbrachte er hier seine Sommerurlaube. Die Ruhe, das Meer und die gemütlichen Städte sind Gründe, die ihn immer wieder nach Dänemark locken – Carl hofft, dass auch die Leser dank dieses Buches die Schönheit und Vielfalt Dänemarks entdecken werden.

Was Sie wissen sollten

Diese Zeichen und Symbole begleiten Sie durch das ganze Buch und geben Ihnen besondere Informationen:

Grün

Infos zur Region oder spezielle Empfehlungen für die Eltern gibt's in den grünen Kästen.

Orange

In den orangefarbenen Kästen stehen tolle Tipps oder Geschichten für Kinder.

Blau

Regionale kulinarische Genüsse oder ein Restaurant, in dem auch Ihre Kinder auf ihre Kosten kommen, finden Sie in den blauen Kästen.

Die Mini-Karte von Dänemark mit dem roten, grünen oder blauen Punkt zeigt Ihnen auf einen Blick, an welchem Ort sich die jeweilige Adresse befindet.

1

DÄNEMARK FÜR ELTERN UND KINDER

Dänemark entdecken

Gäbe es Dänemark nicht, es müsste für Familien mit Kindern erfunden werden. Das kleine Königreich im Norden gilt zu Recht als Inbegriff des Familienurlaubs. 9 Millionen Deutsche verbringen jedes Jahr ihren Urlaub in der Heimat von Hans Christian Andersen, der LEGO-Steine und der Wikinger. Das Inselreich ist dabei mehr als nur die größte Sandkiste der Welt. Die Freizeitmöglichkeiten sind vielfältig und auch Eltern kommen dabei auf ihre Kosten. Trotz der kleinen Fläche bieten sich in Dänemark sehr unterschiedliche Aktivitäten an. Da die Natur – und vor allem das Meer – nie weit entfernt ist, ist es problemlos möglich, Stadt- und Landurlaub zu kombinieren. Von den (fast) endlosen Stränden an der Nordseeküste über die urigen Landrestaurants bis hin zu Städten mit erstklassigen Design-, Kultur- und Shoppingerlebnissen – und das nicht nur in der Hauptstadt Kopenhagen.

Copenhagen Card

Die Ermäßigungskarte **COPENHAGEN CARD** beinhaltet freien Eintritt in 79 Museen und Sehenswürdigkeiten, die kostenlose Nutzung öffentlicher Verkehrsmittel und zahlreiche Rabatte. Personen ab 16 Jahren zahlen 389/659 DKK für eine Karte mit 24/72 Stunden Gültigkeit, Kinder ab 10 Jahren 199/329 DKK. Zwei Kinder bis 9 Jahre sind pro Erwachsenenkarte gratis.
Die Karte kann online (unter www.copenhagencard.dk) oder in Touristenbüros und Hotels erworben werden.

Übers Wasser

Schon die Anreise nach Dänemark ist ein Erlebnis. Die Mehrheit der Urlauber reist mit dem eigenen Pkw an und die Wahrscheinlichkeit, dass Sie eine Brücke queren oder eine Fährfahrt machen, ist recht groß. Da wird die Reise gleich zu einem kleinen Abenteuer. Bleiben Sie auf dem Festland im Süden Jütlands, kommen Sie wahrscheinlich an Billund und LEGOLAND vorbei. Wenn das nicht die Vorfreude auf den Urlaub weckt …

Dänische Lebensart

Dänemark ist laut „Global Peace Index“ eines der friedlichsten Länder der Welt. Ausschlaggebend bei der Bewertung sind Faktoren wie die Achtung der Menschenrechte und eine geringe Kriminalitätsrate. Kurzum: Hier lässt es sich so sicher leben und reisen wie in kaum einem anderen

Strände bei Lønstrup

Land. Dänemark ist traditionell sehr kinderfreundlich, auch wenn hier wie in allen postindustriellen Gesellschaften Familien kleiner und seltener werden.

„Hygge" – ein Gefühl von Freundschaft, Heiterkeit und Zufriedenheit, das am ehesten mit Gemütlichkeit zu übersetzen ist – ist den Dänen sehr wichtig.

„Hygge" – ein Gefühl von Freundschaft, Heiterkeit und Zufriedenheit, das am ehesten mit Gemütlichkeit zu übersetzen ist – ist den Dänen sehr wichtig. Seit ein paar Jahren ist „Hygge" auch zu einem Lifestyle- und Einrichtungstrend in ganz Europa geworden. Der Grund dafür ist leicht zu verstehen – die Dänen machen offenbar etwas richtig. Denn Dänemark ist nicht nur ein friedliches Land, sondern auch ein sehr glückliches: Im jährlichen „World Happiness Report" landet Dänemark immer unter den Top drei.

„Hygge" spielt da eine große Rolle. Rein praktisch heißt das: zusammen mit Freunden und Familie einen gemütlichen Abend genießen, selbst gebackenes Brot und Kuchen essen, eigene Designstücke basteln – und das alles in einer entspannten Umgebung erleben.

Gleichzeitig beinhaltet der Begriff Kinderfreundlichkeit. Damit es auch die kleinen Dänen möglichst „hyggelig" haben, gibt es hier in fast jeder öffentlichen Toilette Babywickelräume und in den meisten Restaurants sind Kindersitze eine Selbstverständlichkeit. Die Unterkünfte – allen voran die Ferienhäuser, die beliebteste Übernachtungsvariante der Dänemark-Besucher – sind familiengerecht ausgestattet. Darüber hinaus ist der Zutritt zu allen 97 staatlichen und staatlich anerkannten Museen für unter 18-Jährige kostenlos. Und in den Schulferien im Herbst bieten dänische Museen Eltern und ihren Sprösslingen ein besonderes Ferienprogramm. Zu den insgesamt 850 Museen des Landes gehören so spannende wie Gefängnis- und Spielzeug-, Schokoladen-, Fahrrad-, Kartoffel- und Buddelschiffmuseen. So ist selbst bei schlechtem Wetter – denn mit Regen muss man in dem Land am Meer immer rechnen – für Unterhaltung gesorgt. Bei gutem Wetter sind den Möglichkeiten der Freizeitgestaltung kaum Grenzen gesetzt.

Wann?

Auch wenn die meisten Familien ihren Urlaub in Dänemark für den Sommer planen, hat das Land in den anderen Jahreszeiten ebenso viel zu bieten. Der nordische Frühling, wenn die ganze Landschaft wieder aus ihrem Winterschlaf erwacht, ist etwas Besonderes – und auch von April bis Mai sind relativ warme Temperaturen möglich. Die Dänen, oft als „glücklichste Menschen der Welt“ bezeichnet, sind zu dieser Jahreszeit vielleicht am allerfröhlichsten.

Der Herbst mag oft regnerisch sein, vor allem an der Westküste, aber in den oft gut ausgestatteten Ferienhäusern findet man nicht selten Kamine. Oft gibt es auch Hallenbäder direkt am Gelände oder zumindest in der Nähe. Sich nach einem frischen und windigen Spaziergang am Strand vor

Vom Holzspielzeug zum Computerspiel

Im verschlafenen Bauerndorf Billund fertigte der Tischler Ole Kirk Christiansen 1932 Holzspielzeug. Er taufte es LEGO – nach „leg godt“ („spiel gut“). Später entwickelte sein Sohn die berühmten gleichnamigen Kunststoffsteine mit den acht Noppen. Eine geniale Erfindung, denn zwei davon lassen sich auf 24 unterschiedliche Arten zusammensetzen. Heute gibt es die LEGO-Steine sogar mit Mikrocomputern, in Kinofilmen sowie in mehreren Reihen erfolgreicher Videospiele.

Urlaub in Dänemark bedeutet, immer in der Nähe von Wasser zu sein

dem Feuer oder im Schwimmbad aufzuwärmen ist Entspannung pur. Und wer wirklich dänisches „Hygge" erleben möchte, sollte das Land in der Vorweihnachtszeit besuchen. Je kürzer die Tage, desto mehr Wert legen die Dänen darauf, eine gemütliche Stimmung zu schaffen. Die Weihnachtsbeleuchtung verwandelt die Straßen in ein wahres Wintermärchen und Cafés und Restaurants werden mit Kerzen und Dekorationen detailverliebt geschmückt.

Sommer- und Bäderländer

Allein der Name Sommerland verheißt Urlaub. Dänemark ist bekannt für seine zahlreichen Vergnügungsparks. Die Parks sind alle gemütlich und überschaubar und bieten jede Menge Abwechslung und Spaß für die ganze Familie. Die Sommerländer liegen in Erholungsgebieten und funktionieren alle nach dem gleichen Prinzip: Ist der Eintritt bezahlt, sind alle weiteren Vergnügungen und Aktivitäten kostenlos. Die meisten Parks locken mit Rutschen, Ponyreiten, Tretbooten und Minigolf. Einige bieten auch Gokart-Bahnen und kleine Streichelzoos. Sehr praktisch ist, dass Sie Ihren eigenen Proviant mitbringen dürfen, um ihn vor Ort zu verzehren. Aber auch die Cafeterias und Restaurants bieten Speisen zu erschwinglichen Preisen. Badevergnügen auch bei unbeständigem Wetter garantieren die Bäderländer, die vielfach den Vergnügungsparks angeschlossen sind. In den letzten Jahren wurden einige subtropische Bäderländer errichtet. Diese Hallenschwimmparadiese haben mehrere Becken, Rutschen, Whirlpools, Solarien, Restaurants und Bars, meist auch ein Außenschwimmbecken.
Die Sommer- und Bäderländer sind in der Regel täglich von April/Mai bis August/September von morgens bis abends, die subtropischen Bäderländer oft ganzjährig geöffnet. Einige Vergnügungsparks kann man sogar bis Mitternacht besuchen.
Wenn von Vergnügungsparks die Rede ist, darf natürlich der Tivoli, der Vergnügungs- und Erholungspark im Herzen Kopenhagens, nicht fehlen! Als einer der ältesten seiner Art – er wurde 1843 eröffnet – beherbergt er an die 40 Restaurants und über 20 Fahrgeschäfte zwischen schön gestalteten Grünflächen. Da fühlen sich sowohl große als auch kleine Leute wohl! Der Park entwickelt sich stetig weiter, beispielsweise wird zurzeit groß in Virtual Reality investiert.

Kleine Meerjungfrau

Der weltberühmte Märchenerzähler Hans Christian Andersen wurde 1805 als Sohn eines Schusters in Odense geboren. „Das hässliche Entlein", „Das kleine Mädchen mit den Schwefelhölzern", „Die Prinzessin auf der Erbse" und „Des Kaisers neue Kleider" stammen aus seiner Feder. 1913, 38 Jahre nach seinem Tod, entstand die Statue der kleinen Meerjungfrau nach der gleichnamigen Erzählung. Mit nur 1,20 Metern ist Kopenhagens Wahrzeichen das kleinste der Welt!

FÜR ELTERN UND KINDER

Was Eltern wissen sollten

Das Bild Dänemarks ist im Ausland geprägt von scheinbar unendlich langen, breiten Sandstränden vor dem Hintergrund hoher Dünen. Diese erstrecken sich vor allem entlang der rund 400 Kilometer langen Nordseeküste, aber schöne Sand- und Badestrände findet man fast überall an der dänischen Küste. Nur Bornholm hat eine längere Felsküste – doch auch hier gibt es schöne Badestrände. In Ostjütland sowie auf den Ostseeinseln mit ihren Fjorden sind die Strände schmaler, dafür finden sich hier viele Buchten und Lagunen. Darunter sind etliche kinderfreundliche Strände mit weißem Sand, die leicht zugänglich sind. Meist sind die Strände mit sanitären Einrichtungen, Parkplatz, Kiosk und Trinkwasserhahn ausgestattet. Ansonsten versucht man in Dänemark, sie so natürlich wie möglich zu belassen. Strandkörbe, Sonnenschirme und Liegestühle sieht man daher eher selten.

Sicheres Baden, sauberes Wasser
Die meisten Küstenabschnitte sind zum Baden geeignet. Einige sind aufgrund ihrer Beschaffenheit – etwa wegen schlechten Untergrunds, gefährlicher Strömung oder zu geringer Wassertiefe – bedenklich. Dann machen aber Warnschilder auf diese Abschnitte aufmerksam. Dort sollte man keinesfalls baden! Trotz aller Sicherheitsmaßnahmen stellt das Baden im offenen Meer grundsätzlich ein gewisses Risiko dar. Besonders die starken Gezeiten und Strömungen der Nordsee sollten nicht unterschätzt werden. Achten Sie auch auf Ebbe und Flut, vor allem bei Wanderungen und beim Spielen auf Sandbänken. Bei Niedrigwasser sind Sandbänke nur durch einen harmlosen Priel vom Festland getrennt. Dieser kann aber schnell volllaufen, vor allem bei Springtiden, also bei Voll- oder Neumond.
Die Wasserqualität ist in Dänemark in der Regel gut. Von über 1.000 Badeorten erfüllen laut einer Studie der Europäischen Umweltagentur nur acht nicht die Mindestanforderungen. An Küsten, Badestränden und Häfen wird das Wasser von Mai bis Oktober regelmäßig kontrolliert. Dennoch kann es vor allem in den Buchten und Fjorden der Ostsee in warmen Sommern zu verstärktem Auftreten

Blaue Flagge

Überall in Dänemark sieht man in Häfen und an Stränden die Blaue Flagge wehen. Sie ist ein von der internationalen Umweltschutzkampagne Foundation for Environmental Education vergebenes Gütesiegel, das Qualität und Sauberkeit der umliegenden Natur, der Badegewässer und der sanitären Einrichtungen kennzeichnet. An 1.300 Stellen im Land werden jährlich rund 12.000 Wasserproben entnommen. Die Flaggen werden den Ergebnissen entsprechend jedes Jahr neu aufgestellt.

Achtung! Generelle Regeln für Strand und Meer

Nie zu weit hinauswagen und die Kinder nie aus den Augen lassen! Vorsicht mit aufblasbaren Schwimmgeräten wie Inseln, Luftmatratzen oder Schwimmtieren – sie können sehr schnell abtreiben. Sollte ein Spielzeug einmal hinaustreiben, versuchen Sie nicht hinterherzuschwimmen, bringen Sie sich nicht in Gefahr. Und denken Sie immer daran, die empfindliche Haut Ihrer Kinder beim Aufenthalt im Freien zu schützen – denn auch indirekte Sonneneinwirkung kann schädlich sein.

von Algen kommen, die am Ufer eine stinkende Masse hinterlassen und in besonderen Fällen Badeverbot auslösen. Die Strände werden allerdings regelmäßig von den Kommunen gereinigt. Eine Kurtaxe wird nicht verlangt. Detaillierte Auskünfte zu den einzelnen Küstenabschnitten geben die Touristenbüros vor Ort oder die dänische Umweltbehörde (www.mst.dk), die eine Badewasserkarte veröffentlicht, aus der ersichtlich ist, wo Baden bedenklich oder verboten ist.

Angebote speziell für Kinder
Im kinderfreundlichen Dänemark sind die Unterkünfte in der Regel mit Kinderbetten, Wickeltisch und Babywanne ausgestattet oder bieten die Möglichkeit, die Kinderausstattung gegen ein geringes Entgelt zusätzlich zu buchen. Besonders kindgerechte Unterkünfte sind Ferienparks oder Campingplätze, wo Sie teilweise auch Ferienhäuser mieten können. Meistens gibt es in diesen Anlagen einen Spielplatz und ein Schwimmbad, manchmal sogar spezielle Animationsprogramme. Sehr schön für Kinder und Eltern sind auch Ferien auf dem Bauernhof. Einige Höfe haben einen Streichelzoo angeschlossen, so gut wie alle bieten zusätzlich Attraktionen an, die kleinen Besuchern besonders viel Spaß bereiten. Generell gilt: Familienfreundliche Unterkünfte und Restaurants sind in Dänemark eine Selbstverständlichkeit und überall in großer Zahl zu finden (detaillierte Tipps zu Unterkünften s. auch S. 106).

Dänemark bietet unzählige Bademöglichkeiten

Essen & Trinken

Der Tag beginnt in Dänemark mit dem „morgenmad". Zum Frühstück nimmt man Kaffee oder Tee zu sich, verschiedene Sorten Brot, Käse, Eier, Aufschnitt, Marmelade und „wienerbrød" (ein Blätterteiggebäck, das bei uns Kopenhagener heißt). Das Mittagessen („frokost") besteht in der Regel aus einer kalten Mahlzeit, zum Beispiel einem „smørrebrød" (s. Kasten). In Restaurants isst man mittags am Buffet („det store kolde bord" oder die kleinere Variante „platter") Hering, Krabben, Lachs, Räucheraal, Salate und warme Kleinigkeiten. Abends wird gern eine warme Mahlzeit („aftensmad") verspeist. Bei Familienfeiern ist es Sitte, um Mitternacht Kaffee und Kuchen zu essen. Nach der Mahlzeit bedankt man sich beim Gastgeber mit den Worten: „Tak for mad!"

Ymer, Hot Dog und Eis

Lebensmittel sind in Dänemark grundsätzlich teurer als in Deutschland, das gilt für den Supermarkt ebenso wie für das Restaurant. Beeindruckend ist die große Vielzahl an Molkereiprodukten in Dänemark. Probieren Sie zum Beispiel einmal „ymer", ein joghurtähnliches Sauermilchprodukt, das man einfach so oder mit gezuckerten Schwarzbrotkrümeln („ymerdrys") löffelt.
Die dänische Lebensmittelkontrolle vergibt an Restaurants, Pizzerien, Supermärkte, Imbissbuden und sogar an die „pølsevogn", die fahrenden Hot-Dog-Buden, Smileys, die Reinheit und Qualität der Lebensmittel garantieren. Der bei Kindern sehr beliebte Hot Dog besteht aus einem knallroten dänischen Würstchen („røde pølser") in einem warmen Brötchen, das mit Röstzwiebeln, süßsauer eingelegten Gewürzgurkenscheiben und Remoulade belegt gegessen wird. Ein Hot Dog kostet etwa 22 DKK. Nicht nur bei Kindern beliebt ist das dänische Eis. Bekannt ist das Softeis, aber halten Sie auch nach dem Hinweis „hjemmelavet is" Ausschau, denn das selbst gemachte Eis ist am leckersten!
Die Auswahl an Restaurants ist groß. Die Speisekarten bieten meist sowohl dänische als auch internationale Gerichte an. In einem Lokal der mittleren Preisklasse außerhalb der Hauptstadt zahlen Sie für ein Abendessen für zwei Personen in etwa folgende Preise: 3-Gänge-Menü 400-600 DKK, 1 Flasche Hauswein 125-195 DKK, 1/2 Liter Bier vom Fass 40-55 DKK, 1 Tasse Kaffee 10-25 DKK, 1 Softdrink (25 cl) 13-15 DKK.
Ein Kindergericht

Überall erhältlich: dänische Hot Dogs

Klassisches Mittagessen: Smørrebrød

(„børnemenu“) kostet 40-70 DKK. Trinkgeld ist nicht üblich. In so gut wie allen gastronomischen Betrieben werden spezielle Gerichte für Kinder sowie Hochstühle angeboten, oft gibt es sogar eine Spielecke.
Gut zu wissen: Seit 2007 gilt in Dänemark ein generelles Rauchverbot in öffentlichen Gebäuden, Restaurants und Cafés – ausgenommen sind extra dafür eingerichtete Raucherräume oder kleinere Lokale, die kein Essen servieren.

Regionale Spezialitäten
Die vielfältige Regionalküche lernen Sie am besten in einem Kro, einem Landgasthaus, kennen. Skagen ist bekannt für seinen Goldbarsch („rødspætte“) mit einem Kompott aus Moos-, Preisel- und Stachelbeeren. Auf dem sandigen Boden war der Gemüseanbau schwer, wilde Beeren fanden die Skawboer dagegen immer schon im Überfluss. Am Limfjord hat der „rulleål“ eine lange Tradition: Der gekochte Rollaal wird in Scheiben geschnitten und mit Rahmkartoffeln serviert. „Ølben“ isst man in Westjütland: Rippchen, die erst in Salzlake, dann in Bouillon und Port drei Tage ziehen, um schließlich mit Grünkohl und einem Schnaps aus Heidekräutern serviert zu werden. „Pramdragergryde“ heißt ein Eintopf aus Schweine- und Rindfleisch, Gemüse und Räucherspeck – ein traditionelles

Mehr als Butterbrot

Smørrebrød, eine dick belegte Schwarzbrotscheibe, ist ab 15 DKK überall zu bekommen. Die ersten Smørrebrød-Restaurants eröffneten um 1880 in Kopenhagen. Darunter **IDA DAVIDSEN**, wo es an die 300 verschiedene Sorten gibt! Für den Belag werden Fisch, Fleisch, Käse und allerhand Soßen miteinander kombiniert – mit Lachs und Krabben für Gourmets oder rustikal mit Frikadellen.
Store Kongensgade 70, 1264 Kopenhagen K, Tel. +45 33 91 36 55, reservation@idadavidsen.dk, www.idadavidsen.dk, Mo-Fr 10.30-16 Uhr.
Der legendäre Schlosskeller von **GITTE KIK** ist Smørrebrød-Restaurant und Brennerei in einem.
Slotskælderen hos Gitte Kik, Fortunstræde 4, 1065 Kopenhagen, Tel. +45 33 11 15 37, www.slotskaelderen.dk, Di-Sa 10-17 Uhr.

Gericht für die Treidler, die im 19. Jahrhundert Schuten die Gudenå entlangzogen. Bei Hochzeitsfeiern auf Fanø gehörte früher „sakkuk“ zum Festessen, ein Mehlpudding, der mit gepökeltem Lamm, Schweinenacken, Senf, Grieben und Sirup serviert wird. Ærø wiederum ist für seine Pfannkuchen bekannt, die mit Honig und Apfelmus gegessen werden. Berühmt ist ebenso der Räucherkäse von Fünen: Dieser wird 30 Sekunden lang über Haferhalmen geräuchert und bekommt so seinen charakteristischen Geschmack.

Silber und Gold

Die allgegenwärtige Nationalspeise Hering kommt in verschiedensten Variationen daher: mariniert, als Tomaten-, Curry-, Sherry-, Dill- und Knoblauchhering oder als Rollmops. Berühmtheit hat der Kräuterhering von Christiansø erlangt. Nach den traditionsreichen Rezepten wird er noch heute von den Firmen Ruths Kryddersild und Christiansøsild hergestellt. In den alten Inselräuchereien auf Bornholm kann man auch „sol over gudhjem“ (Sonne über Gudhjem) genießen – geräucherter Hering auf Roggenbrot mit Schnittlauch und rohem Eigelb. Silber wird in Gold verwandelt, sagt man, wenn ein „geräucherter Bornholmer“ zubereitet wird. Denn nach dem Räuchern schimmert der silberne Ostseehering golden.

Bier und Schnaps: Skål!

Das dänische „øl“ (Bier) großer Brauereien wie Tuborg und Carlsberg kennt man auch im Ausland. Weniger bekannt sind die zahlreichen Hausbrauereien, die neben Pils auch Spezialbiere herstellen. Eine Liste aller dänischen Brauereien findet man unter www.ale.dk.
In den letzten Jahren ist Dänemark zu einem der führenden Länder geworden, wenn es um Craft Beer geht – vor allem auch durch die Biere der Marke Mikkeller, die von einem ehemaligen Physiklehrer gegründet wurde.
Seit dem Mittelalter wird in Dänemark Schnaps gebrannt. Aalborg ist über die Landesgrenzen hinweg bekannt für seinen „akvavit“, das Wasser des Lebens. Inzwischen werden hier aber auch Neuheiten wie Dillschnaps produziert. In jedem Fall sollte man nicht versäumen, in einem Kro zumindest einen der vielen Kräuterschnäpse zu probieren.

Tipp für Selbstversorger

Auf dem Land verkaufen Bauern Obst und Gemüse direkt ab Hof. Schilder, auf denen „kartofler“ (Kartoffeln), „gulerødder“ (Möhren), „ærter“ (Erbsen), „jordbær“ (Erdbeeren) oder „kirsebær“ (Kirschen) steht, führen zu den Ständen. Sie nehmen, was Sie brauchen, und stecken den angegebenen Betrag in eine dafür vorgesehene Dose. Die frisch geernteten Früchte und Gemüsesorten sind gesünder, leckerer und billiger als die aus dem Supermarkt und die „Selbstbedienung“ macht Kindern Spaß!

2

KINDERFREUNDLICHE STRÄNDE

Rømø

Rømø ist als einzige Insel im europäischen Wattenmeer durch einen Straßendamm mit dem Festland verbunden. Das spült bei schönem Sommerwetter neben Urlaubern, die auf der Insel ein Quartier haben, bis zu 100.000 Tagesbesucher an den Strand. Dass trotzdem Platz für jeden bleibt, ist den gigantischen Ausmaßen des Strands zu verdanken: Je nach Tide breiten sich bis zu 4 Kilometer Sand zwischen Dünen und Wasser aus, und das auf einer Länge von 18 Kilometern. In der Uferzone sollten Kinder nur unter Aufsicht spielen und ins Meer nur in Begleitung erfahrener Schwimmer gehen. Klasse für die Kleinsten: Oft bilden sich Priele parallel zum Ufer, in denen Kinder relativ gefahrlos planschen können. Die Eltern sollten aber immer die Flut im Auge behalten! Große Teile des Strandes dürfen mit Autos befahren werden – die erlaubte Höchstgeschwindigkeit ist in der Regel 30 km/h. Nach Süden sind hinter dem Ufer jedoch überall autofreie Zonen eingerichtet worden, auf Dänisch „bilfrit område“, in denen Kinder gefahrlos im Sand spielen können. Weitgehend auto- und vor allem textilfrei kann man den Sønderstrand erleben.

Weite, breite Strände bis zum Horizont

LAGE/PARKEN/KONSUM: *Überquert man vom Damm kommend die Insel nach Westen, fährt man bei Lakolk auf den Strand. Richtung Süden ist eine mit Holzpflöcken begrenzte Piste befahrbar. Die trifft nach 9 Kilometern auf eine Strandzufahrt westlich von Havneby. Neben der Zufahrt bei Lakolk bedient das Lakolk Butikscenter alle Urlaubsbedürfnisse von Geschäften mit Strandspielzeug bis hin zu Imbiss-Restaurants. Am Strand signalisieren Fahnen, wo mobile Eisstände und Würstchenbuden stehen.*

Über Rømøs Südstrand flitzen

Beiderseits der Zufahrt zu Rømøs Südstrand sind Areale für Blokarts, Kite-Buggys und andere Strandflitzer reserviert. Für Einsteiger geeignet sind die dreirädrigen Blokart-Strandsegler. Dank der einfachen Lenkstange kommt jeder damit klar, der Fahrrad fahren kann. Sind die Bedingungen gut, werden Blokarts an Kinder ab etwa 6 Jahren verliehen, unter anderem bei **RØMØ CYKLER.** *Nørre Frankel 1, 6792 Rømø, Tel. +45 88 93 50 40, www.romocykler.dk, 550 DKK/Blokart.*

Beim Strandurlaub auf Fanø kann sich Groß und Klein bestens erholen

Insel Fanø

Die Strände von Fanø sind ähnlich gigantisch, hart und flach wie die von Rømø. Zwischen Fanø Bad im Norden und dem Dünenübergang nach Sønderho im Süden darf man mit dem Auto auf den Strand. Daneben gibt es große autofreie Zonen wie den gesamten Abschnitt nördlich von Fanø Bad. Strandsegler, Kite-Buggy- und Blokart-Fahrer sowie Windsurfer und Kiteboarder müssen sich auf ein abgegrenztes Areal im mittleren Strandbereich beschränken. Fanø wirkt insgesamt exklusiver als Rømø, der Strand ist einfach leerer. Ursprünglich war Fanø eine Sandbank und lange Zeit unbewohnt. Heute leben hier rund 3.100 Einwohner. Mehr über Fanøs Geschichte erfährt man in den zahlreichen Museen der Insel.

LAGE/PARKEN/KONSUM: *Fähre ab Esbjerg (s. Tour 2), dann zum Strand via Fanø Bad. Denken Sie immer an die Flutgrenzen und den Tidenkalender, wenn Sie Ihr Auto am Strand längere Zeit unbeaufsichtigt parken wollen. Kioske und Läden finden sich an der Zufahrt in Fanø Bad, edler sind die Lokale in Sønderho.*

Lasst ihn steigen!

Bunte Drachen, vom Wind an den blauen Himmel geheftet, gehören zu Dänemarks Stränden wie Sand und Meer. Optisch grandios sind Drachen-Meetings wie auf Fanø Mitte Juni (aktuelle Termine und Infos unter www.kitefliersmeetingfanoe.de) oder auf Rømø im September (www.danskdrageklub.dk).

Blåvand Strand

Blåvands Huk, Dänemarks westlichster Punkt, markiert den Übergang vom Wattenmeer mit seinen Inseln zu jener Küste, die von Meeresströmungen zu einem geschwungenen Band aus viel Sand und etwas Kies geformt wurde und bis zur Nordspitze Dänemarks reicht. Von Blåvands Huk nach Südosten streicheln sanfte Wellen die Küste, der Meeresboden fällt relativ flach ab und gefährliche Strömungen fehlen: Blåvand Strand ist das kinderfreundlichste Areal an der dänischen Nordseeküste und geht nahtlos in den Hvidbjerg Strand über. Als Alternative bei schlechtem Wetter bietet sich das Spaßbad Blåvand Tropeland am **HVIDBJERG STRAND CAMPING** an *[Hvidbjerg Strandvej 27, 6857 Blåvand, Tel. +45 75 27 90 40, Anfang März KW 42 Kernöffnungszeit tgl. 10-18, freitags bis 21 Uhr, ab 3 J. 80 DKK/ Person, 0-2 J. 25 DKK]*.

Den besten Blick über die Landschaft bietet der gut 40 Meter hohe Leuchtturm **BLÅVAND FYR**, vor der Aussicht sind jedoch insgesamt 165 Stufen zu bezwingen *[Fyrvej 106, 6857 Blåvand, Jan-März tgl. 10-15 Uhr, April-Juni u. Mitte Aug-Okt tgl. 10-17 Uhr, Juli-Mitte Aug tgl. 10-19 Uhr, Erw. 40 DKK, 3-11 Jahre 20 DKK, 0-2 Jahre Eintritt frei, geschlossen bei Starkwind und Vereisungsgefahr]*. Vor Blåvands Huk ragt eine der gefährlichsten Untiefen der Nordsee fast 40 Kilometer ins Meer hinaus: Horns Rev, von Seeleuten früher respektvoll „Teufels Horn“ genannt. Heute stehen auf der Sandbank Rotoren eines der größten Offshore-Windenergieparks der Welt.

LAGE/PARKEN/KONSUM: *Auf der Landstraße 431 immer nach Westen. Durch den Ort Blåvand (in der Saison oft Stau) bis Fyrvej. An dessen Ende kleiner Parkplatz am Leuchtturm. Südlich des Ortskerns ist der größte Parkplatz mit Strandzugang an der Straße Blåvand Strand. Einkaufsmöglichkeiten für das Strand-Picknick im Ort in mehreren Bäckereien und Kiosken.*

Der 40 Meter hohe Leuchtturm Blåvand Fyr

WEITERE EMPFEHLENSWERTE STRÄNDE DER REGION: *Vejers, Grærup, Børsmose, Kærgård, Henne, Houstrup.*

Holmsland Klit

Knapp 35 Kilometer lang, maximal 3 Kilometer breit und von bis zu 30 Meter hohen Dünen geprägt hat sich die Nehrung Holmsland Klit zwischen Nordsee und Ringkøbing Fjord geschoben. Eigentlich ist der Strand überall gleich, von den stillen Ferienhaussiedlungen wie Bjerregård im Süden bis hin zu Søndervig im Norden, einem der populärsten Ferienorte an der Nordsee: Bei Niedrigwasser ist er im Durchschnitt rund 100 Meter breit, vorherrschend ist Sand, hin und wieder muss man aber auch über Kies laufen. Durch ihre Weitläufigkeit zählen die Strände auf Höhe von Nymindegab zu den besten in diesem Abschnitt. Das lokalhistorische **NYMINDEGAB MUSEUM** zeigt das Skelett eines 12 Meter langen Pottwals, der 1990 hier strandete *[Vesterhavsvej 294, 6830 Nørre Nebel, Tel. +45 75 25 55 44, März-Juni u. Sep-Okt Di-So 10-16, Juli-Aug tgl. 10-17 Uhr, Erw. 50 DKK, alle bis 18 J. frei]*.

Hohe Dünen bei Holmsland Klit

LAGE/PARKEN/KONSUM: *Die Straße 181 verläuft parallel zur Küste. In regelmäßigen Abständen sind Parkplätze hinter den Dünen angelegt. Den komfortabelsten Strandzugang bietet Søndervig, flankiert von Eis- und Würstchenbuden. Zugänge ab den großen Parkplätzen auch bei Nymindegab und entlang der dort nach Süden abzweigenden Nebenstraße Vesterhavsvej. Ein Picknickkorb darf hier nicht fehlen, denn kaufen kann man an diesen Strandabschnitten nichts.*

Von Wickie lesen …

… und sich auf den Urlaub freuen! In Dänemark stolpert man allerorts über das Erbe der Wikinger. Einen ganz besonderen dieser rotmähnigen Kerle hat der dänische Schriftsteller Runer Jonsson erfunden: Wickie. Berühmt wurde der angstgeplagte Wikingerjunge mit dem Superhirn dank einer 70er-Jahre-Zeichentrickserie. Die Bücher erzählen von Wickies Abenteuern mit seinen Eltern Ilva und Halvar, dem dicken Faxe, den ewig streitenden Snorre und Tjure und natürlich dem schrecklichen Sven.

Nørre Vorupør

Von der Limfjord-Mündung nach Norden bis zum Fähr- und Fischereihafen Hanstholm ziehen sich 50 Kilometer wilder, rauer Strand an der Nordseeküste der Region Thy entlang. Am Strand: Sand, so weit das Auge reicht, und nur gelegentlich Kies. Da ist unendlich viel Platz zum Spielen, zum Spazierengehen oder In-den-Dünen-Liegen. Beim Baden ist man indes oft der Brandung und den Strömungen einer wilden Nordsee ausgesetzt, die nur an wenigen Tagen kindgerecht ist.
Mit Ausnahme der Enklaven rund um die wenigen Siedlungen wurde Thys Küste mitsamt einem Streifen Dünen und Heide 2008 der erste Nationalpark im Lande. Slogan: Dänemarks größte Wildnis. Eine der Enklaven ist Nørre Vorupør, größte Ferienhaussiedlung und wichtigster Landeplatz der Strandfischer in Thy. Kleiner, aber malerischer ist der Stenbjerg-Landeplatz mit denkmalgeschützten Fischerhütten und Schuppen an der Zufahrt – darin auch ein Kiosk mit Eis und Getränken. Was Fischern im Meer vor Thy in die Netze gehen kann, zeigt das **NORDSØ AKVARIET** *[Vesterhavsgade 131, 7700 Nørre Vorupør, Tel. +45 97 93 82 60, Ostern-Juni u. Sep-Okt tgl. 10-16, Hochsaison Juli-Aug tgl. 10-18 Uhr, ab 13 J. 60 DKK, Kinder (4-12 J.) 30 DKK]*.

Bunte Fischerboote am Strand von Thy

Bunker – martialische Hinterlassenschaft

Deutsche Truppen befestigten die dänische Nordseeküste im Zweiten Weltkrieg als Teil des Atlantikwalls. Vielerorts stößt man auf zum Teil gut erhaltene Bunker. Einige sind nun Museen wie die Tirpitz-Stellung nahe Blåvand oder die gigantische Festung Hanstholm auf Thy mit ihrer alten Munitionsbahn.
MUSEUMSCENTER HANSTHOLM, *Molevej 29, 7730 Hanstholm, Tel. +45 97 96 17 36, www.museumscenterhanstholm.dk, Feb-Mai u. Sep-Okt tgl. 10-16, Juni-Aug tgl. 10-17 Uhr, ab 15 J. 80 DKK, 7-14 J. 30 DKK.*
Einige ehemalige Bunker aus dem Zweiten Weltkrieg wurden von dem britischen Künstler Bill Woodrow mit großen Maultierköpfen und -schwänzen aus Metall versehen. Er wählte deshalb Maultiere, weil diese unfruchtbar sind und sich nicht vermehren können – was sich Woodrow auch für Bunker wünscht.

Zwischen Blokhus und Løkken

Auf fast 50 Kilometern, mindestens 100 Meter breit, vornehmlich mit Sand und in der Regel sanft abfallend zieht sich der Strand entlang der Jammerbugt. Der „massentouristische“ Abschnitt zwischen den muntersten Seebädern der nördlichen Nordseeküste, Løkken und Blokhus, ist auf gut 15 Kilometern als offizielle Straße mit regulären Straßenschildern ausgestattet und für Autos wie für alle Arten von Strandsport freigegeben. Eltern mit Kindern halten sich am liebsten an den bewachten Stränden direkt vor beiden Orten auf. Vor

Strandhütten am Blokhus Strand

Løkken ist der Strand auf ganzer Breite autofrei und der Ort hat mehr Charme als das moderne Blokhus. Løkkens „weiße Stadt“ – rund 500 private, schneeweiße Badehütten direkt am Strand –, die Kutter der Strandfischer und die lange Buhne gehören zu den Motiven, die das Bild Nordjütlands prägen.

LAGE/PARKEN/KONSUM: *Die meisten Strandbesucher parken auf dem Strand. In Blokhus quält sich der Verkehr dorthin durch den Ort, in Løkken fließt er am südlichen Ortsrand über den Ny Strandvej. Straße 55 folgt der Küste im Hinterland. Eis, Pommes und Pølser (Würstchen) gibt es in reichlicher Auswahl in Løkkens Fußgängerzone, die sich mitten durch den Ort zieht und in der Verlängerung des Søndre Strandvej auf den autofreien Strand vor dem Ort mündet. Originell ist „Peder Baadsmand“ im auffälligen Blockhausstil direkt an den Dünen mit viel Platz vor der Tür. Mit leckeren Lunchgerichten und deftigen Abendessen kann man den großen wie den kleinen Hunger stillen (Küche Ostern-Okt, Karte: www.peterbaadsmand.dk).*

Meisterliche Sandburgen

Wer baut die schönste, schrillste oder die imponierendste Sandburg oder Sandskulptur? Beliebte Wettbewerbe zu diesem Thema finden in der Hochsaison immer mittwochs am Strand vor Løkken sowie am Tranum Strand statt. Für ihre fantasievollen Kreationen dürfen die kleinen und häufig auch großen Baumeister den Sand benutzen sowie alles, was sie sonst am Strand finden.

Bisnap und Øster Hurup

Im Vergleich zur Nordsee sind die Kattegat-Strände Nordjütlands kinderfreundlicher, flacher und das Meer hat weniger Strömungen. Am Kattegat, das Nord- und Ostsee verbindet, lagert das Meer permanent neuen Sand ab. Lagunen bilden sich zwischen Sandbänken, auf denen irgendwann Vegetation Fuß fasst: Überschaubare maritime Welten für kleine Leute entstehen. Als die größte dänische Tageszeitung „Jyllands-Posten" ihre Leser nach Dänemarks besten Stränden fragte, gewann in

Baden und buddeln in Øster Hurup

Nordjütland ein Außenseiter gegen alle Favoriten von der Nordsee: Bisnap Strand bei Hals gleich nördlich der Mündung des Limfjords ins Kattegat. 20 Kilometer südlich der Limfjord-Mündung besitzt Øster Hurup einen weiteren, aber kleineren Superstrand, und wenn das Wetter nicht mitspielt, gibt es dort ein „tropisches" Indoor-Bad, das **VANDLAND ØSTER HURUP** *[Havblik 4, 9560 Hadsund, Tel. +45 40 44 79 13, www.vandlandsferie.dk, Mitte Juni-Mitte Sep und alle dänischen Ferienperioden tgl. mindestens 10-18 Uhr, 100 DKK/Person, keine Kinderermäßigung, Gäste des Feriecenter werden beim Einlass bevorzugt]*.

LAGE/PARKEN/KONSUM: *Von Aalborg fährt man ab Abfahrt 19 der E45 über Straße 583 Richtung Hals. Bester Zugang mit Parkplätzen am Bisnapvej, dort auch ein Kiosk. Wer es gepflegter mag, steuert am Dünenhafen von Hou das Hou Strand Café og Restaurant an, wo man mit Blick auf die Marina sitzt; im dazugehörigen Waffelhaus kann man auch eine Waffel oder ein Eis mitnehmen und sich in die nahen Dünen setzen (Kystvejen 12, 9379 Hals, Tel. +45 60 52 55 38, Mai-KW 42, nur Hochsaison tgl. 12-21 Uhr).*

Hals-Egense-Überfahrt

Neun Fjordfähren pendeln über den Limfjord. Der durchzieht Jütland von der Nordsee bis zum Kattegat und macht Nordjütland de facto zu einer Insel. Für Kinder sind Fähren immer eine spannende Abwechslung, so auch die **HALS-EGENSE FÆREGEFART**, die die Strände der Kattegat-Küste verknüpft. *Tel. +45 98 25 12 77, www.hals-egense.dk, Pendelfahrt Mo-Fr 6.30-23, Sa/So 8-23, Juni-Aug Mo-Fr 6.30-24 Uhr, Sa/So 7-24 Uhr, ab 7 J. 12 DKK, Fahrrad inkl. 1 Person 20 DKK, Pkw inkl. Fahrer 45 DKK.*

Flyvesandet, Torresø, Hasmark

Um die Landspitze Flyvesandet liegt ein unverfälschter Strand mit einem Ansatz von Dünen und dichtem Strandwald dahinter. Der Strand selbst besteht aus einem Mix aus Sand, Kies und gröberen Steinen, Strandschuhe für Kinder sind hier sinnvoll. Von Flyvesandet nach Osten zieht sich über gut 20 Küstenkilometer ein schmales Band mit vielen Sand-, aber auch einigen Kiesabschnitten bis auf die Landzunge Enebærodde, die den Odense Fjord vom Kattegat trennt. Der Meeresboden fällt in der Regel flach ab.

LAGE/PARKEN/KONSUM:
Von Odense auf der 162 nach Norden, dann den Ausschilderungen folgen. In Torresø und Hasmark ist es an schönen Tagen schwierig, Parkplätze zwischen den Ferienhäusern zu finden. Am größten Strandzugang in Hasmark, wo der Strandvejen ans Meer kommt, kann man sich an einem Kiosk versorgen oder knapp 400 Meter landeinwärts das kinderfreundliche Wikingerrestaurant Freja besuchen (Strandvejen 205, 5450 Otterup, Tel. +45 31 73 70 72, Buffet 159 DKK, Kinderbuffet 84 DKK). Kleines Hallen-Spaßbad im angrenzenden Ferienpark (ab 12 J. März-Juni 50 DKK, Aug 75 DKK, Juli 125 DKK, Platzgäste 20/30 DKK; Hochsaison tgl. 10-21, sonst April-Mitte Okt mind. 16-19 Uhr).

Das kleine Land bietet jede Menge entspannten Badespaß

Marielyst

Der rund 25 Kilometer lange, wie mit einem Riesenzirkel gezogene Strand vor den Deichen der Südostküste von Falster wird gern Marielyst Strand genannt, nach dem größten Ort. Direkt vor dem Zentrum Marielysts mit all den Shops, Lokalen und Imbissbuden bewachen im Sommer Rettungsschwimmer den Strand. Marielyst war schon Anfang des 20. Jahrhunderts dank guter Verkehrsverbindungen bei deutschen Gästen beliebt. Heute zeigt es sich in den Sommerwochen munter und quirlig mit Strand- und Wasseraktivitäten von Seakayaking über Windsurfen und Wasserskifahren bis hin zu Tauchkursen. In der Nach- und Wintersaison ist Marielyst ruhig, die Angebote für Kinder sind dann eher spartanisch.

LAGE/PARKEN: *Von der E55 Gedser–Nykøbing Falster zweigen Zufahrten zur Ostküste ab. Der größte strandnahe Parkplatz liegt am Marielyst Strandvej, der durch den Ort Marielyst zum Meer führt.*

WEITERE EMPFEHLENSWERTE STRÄNDE DER „DÄNISCHEN SÜDSEEINSELN“: *Die Top-Strände von Lolland liegen etwa 10 Kilometer westlich des Fährhafens Rødbyhavn vor den Deichen von Hummingen, um Nakskov am Albuen zur offenen Ostsee hin sowie bei Hestehoved im geschützten Nakskov Fjord. Møns beste Strände liegen an der Landzunge Ulvshale im Norden sowie zwischen Råbylille Strand und Klintholm Havn im Südosten. Südseeland hat seinen schönsten Strand in Karrebæksminde bei Næstved.*

Ruhige Tage lassen sich am Strand von Marielyst verbringen

Kopenhagen

Kopenhagen ist auch ein Badeort: Am Ostufer des Hafens dümpelt vor einem belebten Park eine schwimmende Badeanstalt im Hafenwasser, das **HAVNEBAD ISLANDS BRYGGE**, kaum 1.000 Meter von der weltberühmten Einkaufsstraße Strøget entfernt *[Islands Brygge, 2300 Kopenhagen, Bus 12 ab Zentrum, Juni-Sep tgl. ca. Mo-Fr 7-19, Sa/So 11-19 Uhr, Eintritt frei]*. Ähnlich zeigt sich **COPENCABANA** – Havnebad ved Fisketorvet nahe der Shopping-Mall Fisketorvet *[Havneholmen, 1561 Kopenhagen V, Bus 34, Juni-Aug tgl. 11-19 Uhr, Eintritt frei]*. Etwas weiter südlich findet man dann das **HAVNEBADET SLUSEHOLMEN**, das neueste Stadtbad in Kopenhagen *[Ben Websters Vej 69, 2450 Kopenhagen, Bus 14 oder 34 ab Zentrum, Juni-Aug tgl. 11-19 Uhr, Eintritt frei]*. Alle drei Bäder haben Kinderbecken. Ansonsten baden die Kopenhagener im Øresund: Der **CHARLOTTENLUND STRANDPARK** *[Strandvejen 150, 2920 Charlottenlund, Bus 1A ab Zentrum]* im Norden verfügt über große Liegewiesen mit Platz zum Toben. Am Nordende ist die **SEEBADEANSTALT CHARLOTTENLUND SØBAD** auf Pfeilern gut 100 Meter in den Øresund hineingebaut *[Kystvejen 2, 2920 Charlottenlund, Erw. 20 DKK, Kinder 10 DKK]*. Noch weiter nördlich liegt der **BELLEVUE STRANDPARK** *[Strandvejen 340, 2930 Klampenborg, Bus 1A oder S-Bahn bis Klampenborg]*. Östlich der City befindet sich der **AMAGER STRANDPARK** *[Amager Strand Promenaden 1, 2300 Kopenhagen, Bus 12 oder Metro]*. Alle drei Strände sind in der Badesaison bewacht.

Havnebad Islands Brygge

Unter Wasser

Zu einem Land, das von Wasser umgeben ist, gehört auch ein Aquarium der Extraklasse. Das bekam Kopenhagen 2013, als **DEN BLÅ PLANET** eröffnet wurde. Mit 20.000 Fischen aus aller Welt in über 50 verschiedenen Aquarien, das größte mit 4 Millionen Liter Wasser, wurde es schnell zu einem der beliebtesten Besucherziele Kopenhagens. Mit Online-Tickets kann man Zugang zum „Fast Track“ erhalten.
Jacob Fortlingsvej 1, 2770 Kastrup, Metro Linie 2 bis Kastrup Station oder Bus 5C, Tel. +45 44 22 22 44, www.denblaaplanet.dk, Mo 10-21 Uhr, Di-So 10-17 Uhr, Erw. 170 DKK, 3-12 J. 95 DKK.

ANFAHRT/PARKEN/KONSUM:
Am besten nimmt man die öffentlichen Verkehrsmittel. Kioske und Cafés sind überall vorhanden.

Tisvildeleje

Viel Sand und etwas Kies prägen Nordseelands attraktivsten Strandabschnitt bei Tisvildeleje. Das Meer ist hier relativ flach und meist ruhig. Hinter dem Strand breitet sich der Strandwald Tisvilde Hegn aus, ideal für stundenlange Wanderungen und Radtouren.

LAGE/PARKEN/KONSUM: *Tisvilde bzw. Tisvildeleje sind ab Hillerød ausgeschildert. In der Verlängerung der Ortszufahrt fährt man bis zu einem großen Parkplatz direkt am Strand. Vom Bahnhof mit regelmäßigen Verbindungen ab Hillerød und Kopenhagen ist es knapp 1 Kilometer zum Strand, an dessen Parkplatz ein großer Kiosk die Besucher versorgt; die Schlangen sind an Badewettertagen aber lang.*

Dueodde

Dänemarks schönster, feinster, schlicht bester Strand schmiegt sich auf knapp 8 Kilometer Länge um die Südspitze von Bornholm. Dueodde ist Dänemarks Antwort auf Karibik und Südsee, nur stehen hier knorrige Kiefern statt Palmen hinter dem Strand. Hoteltürme sucht man vergebens, nur Ferienhäuser und drei kleinere Campingplätze verstecken sich im Wald hinter den Dünen. Zum Planschen bilden sich zudem immer wieder kleine Priele, die sich in der Sonne schnell aufwärmen.

LAGE/PARKEN/KONSUM: *Dueodde ist überall auf Bornholm ausgeschildert, die Wegweiser führen zum Parkplatz am Fyrvejen. Dort halten auch Linienbusse, die Dueodde aus allen Ecken der Insel ansteuern. Ein Kiosk bietet Eis, Würstchen, Kaffee und allerlei Strandspielzeug.*

Dueodde mit dem feinsten Sand Dänemarks

3

ZEHN TOUREN, DIE ALLEN SPASS MACHEN

Tour 1: Mittelalterliche Gassen, Kettenhemden & Wattsafari

RIBE UND MEER

WO: *im Südwesten Dänemarks* – **WIE:** *zu Fuß und mit dem Auto* – **DAUER:** *Tagesausflug oder zwei Halbtagesausflüge* – **NICHT VERGESSEN:** *Gummistiefel für Wattwanderung*

RIBE, die älteste Stadt Dänemarks, wurde schon um das Jahr 800 gegründet und ist der perfekte Auftakt für entdeckungslustige Dänemark-Fans. Ein Spaziergang durch die kopfsteingepflasterten Gassen rund um den gut erhaltenen mittelalterlichen Ortskern fühlt sich wie eine Zeitreise an.

Ribes Altstadt mit dem Dom im Hintergrund

Ribe hatte wie die meisten dänischen Städte das Glück, von Kriegen und größeren Zerstörungen weitgehend verschont zu bleiben. Gleichzeitig liegt das Städtchen aber auch in einer der sensibelsten Naturlandschaften Europas: dem Wattenmeer.

Mittelalterliches Stadtflair

Schon bei der Anfahrt fällt das markante Wahrzeichen auf: Ribes **DOM** mit seinen beiden Türmen. Das Gotteshaus, erbaut hauptsächlich zwischen 1150 und 1250, liefert den besten und schnellsten Überblick über das verwinkelte Städtchen und sein Umland. Am Dom sollten Sie darum Ihre Ribe-Tour beginnen (10 Minuten Fußweg von den Parkplätzen am Ortsrand). Und zwar ganz oben! Genau 248 Stufen führen auf den 50 Meter hohen Nordturm. Der **AUFSTIEG** *[Torvet, 6760 Ribe, Juli/Aug 10-17.30, Mai/Juni u. Sep 10-17, Okt-April 11-15 Uhr, Erw. 20 DKK, Kinder unter 18 J. 10 DKK]* wird belohnt mit einem weiten Blick: Im Westen liegt die Nordsee. Kaum zu glauben, dass Ribe einst am Meer lag – aber zur

Tour mit dem Nachtwächter

Schon seit dem 15. Jahrhundert streifen Abend für Abend **NACHTWÄCHTER** durch die Gassen von Ribe. Früher hatten sie eine wichtige Aufgabe: Ribes Nachtwächter sollten nicht nur für Ruhe und Ordnung sorgen – im Notfall mussten sie die Einwohner auch vor Bränden und Sturmfluten warnen! Heute ziehen sie nur noch zur Unterhaltung der Gäste durch die Stadt. Rund 45 Minuten dauert der Rundgang mit dem Wächter, der den wissbegierigen Fragestellern jeden Alters eine Menge Geschichten erzählt – auch auf Deutsch. Ein unvergessliches Erlebnis für Ihre Kleinen! Und: Die Teilnahme ist kostenlos. *Treffpunkt am Markt Torvet vor dem Restaurant Weis Stue, Mitte Feb bis Mitte Okt tgl. 20 Uhr, Juni-Aug 20 u. 22 Uhr.*

Zeit der Wikinger und im Mittelalter war die Königsresidenz als wichtige Handels- und Hafenstadt über das Wasser mit ganz Europa verbunden. Am Horizont erkennt man die Deiche. Heute ist Ribe nur noch über den Fluss Ribe Å mit dem Meer verbunden – welche Kraft das Wasser haben kann, zeigt die Sturmflutsäule an der Straße Skibbroen. Am alten Schiffsanleger, an dem heute der Nachbau des Handelsschiffs „Johanne Dan" (leider nicht zu besichtigen) liegt, stieg das Wasser zwischen 1634 und 1911 bis in den zweiten Stock der anliegenden Häuser! Noch weiter im Nordwesten ragt die Silhouette von Esbjerg auf. Und im Süden und Südwesten kann man bei klarem Sommerwetter bis Rømø und Tønder sehen. Rund um den Dom breitet sich das abenteuerliche Gewusel von Ribe aus. Die meisten Häuser und Höfe wurden um das Jahr 1600 erbaut, nachdem ein großes Feuer 1580 weite Teile der Stadt zerstört hatte. Seither blieb man von Feuer- und anderen Katastrophen verschont – zum Glück! Und damit Ribe auch in Zukunft noch so aussieht wie früher, stehen mehr als 100 der schönen Häuser unter Denkmalschutz.

Eindrucksvoll: die Sturmflutsäule in Ribe

Drys und bunte Bilder

Bevor Sie den Dom verlassen, sollten Sie sich noch einige Minuten Zeit für einen Rundgang durchs Kircheninnere nehmen *[Eintritt frei, an Sonn- und Feiertagen erst ab 12 Uhr]*. Im Chorraum über dem Altar erstrahlen die modernen Fenster, die der dänische Künstler Carl Henning Pedersen 1987 schuf. Damals gab es heftige Diskussionen über so viel moderne Kunst in historischer Umgebung. Heute sind die Ribenser längst froh über ihre Sehenswürdigkeit.

Nun haben sich aber alle eine Pause verdient: Schräg gegenüber vom Dom liegt am Marktplatz **TORVETS IS** *[Torvet 6, 6760 Ribe]*. Das Eiscafé bietet typisch dänische Eis-Köstlichkeiten. „Softis", Softeis, isst man in Dänemark immer mit „drys" – Schoko- oder bunten Streuseln. Wer „gammeldags is" bestellt, erhält Kugeleis in der Waffel. Auf Wunsch mit „fløde", Sahne.

Gestärkt sollten Sie sich nun beim **RIBE TURISTBUREAU** einen Stadtplan besorgen *[Torvet 3, 6760 Ribe, Tel. +45 75 42 15 00, www.visitribe.dk, Juli/Aug Mo-Fr 9-18, Sa 10-16, So 10-15, sonst Mo-Fr 9-16, Sa 10-13 Uhr. Eigenständige Suche nach Informationen Mo-So 9-22 Uhr]*. Bummeln Sie rechter Hand durch die autofreie Straße Overdammen und folgen Sie weiter dem Straßenverlauf über die Ribe Å, an der ein großes Mühlrad die Blicke auf sich zieht, bis Sie die Sanct Nicolaj Gade erreichen, in die Sie rechts einbiegen.

Klippfisch und Kettenhemden

Schon nach drei Minuten erreichen Sie Ribes Kunstmuseum, nur 200 Meter davon entfernt liegt am Odins Plads das **MUSEUM RIBES VIKINGER** *[Odins Plads 1, 6760 Ribe, www.Ribesvikinger.dk, Juli-Aug tgl. 10-18, Mi 10-21, Sep-März Di-So 10-16, April-Juni Mo-So 10-16, Erw. 75 DKK, alle bis 18 J. frei]*. Das familienfreundliche Museum steckt voller interaktiver Möglichkeiten. Anfassen ist hier ausdrücklich erlaubt! Los geht der Streifzug durch die Vergangenheit, für den Sie auf jeden Fall 90 Minuten einplanen sollten, im Jahr 800. Damals gründeten die Wikinger einen Handelsplatz an der Ribe Å. Ein echtes Wikingerschiff bildet das Zentrum der Ausstellung. Lassen Sie Ihre Kinder unbesorgt an

Vorsicht, Gruselfaktor!

Wem Ribes historische Gassen allzu idyllisch erscheinen, der kann eine andere Seite der Stadt kennenlernen. Wie dramatisch es im Mittelalter zugehen konnte, erlebt man hautnah bei einer nächtlichen **„GESPENSTERFÜHRUNG"**. Tipp: Aufgrund des späten Beginns empfiehlt sich die Teilnahme für Kinder ab 10 Jahren. Und gruselige Themen wie Königsmord und Hexenverbrennung können erfahrungsgemäß schnell schlaflose Nächte bereiten! *Treffpunkt Museum Ribes Vikinger, Odins Plads 1, 6760 Ribe, Juli-Aug jeden Mi 21-22 Uhr, alle ab 14 Jahren 50 DKK, Voranmeldung nicht erforderlich.*

Bord gehen: Pelze, Töpfe, Klippfisch und das andere Handelsgut dürfen eingehend erkundet werden. Anschließend führt Sie der nächste Erlebnisraum ins Ribe des Jahres 1500. Es herrscht hektischer Betrieb auf einer Baustelle mitten in der Stadt. Steine werden getragen, Wände errichtet, Brot und Getränke zur Stärkung verkauft. Kindern bis etwa 12 Jahren bietet das Museum Ribes Vikinger eine eigene Mitmach-Ausstellung. Bei „Dagmar und Valdemar" können sie all das mit Begeisterung tun, was für Kinder damals Alltag war: mittelalterliche Wollkleidung anprobieren, ein echtes Kettenhemd tragen, unbekannte Gewürze riechen und schmecken und vieles mehr.

Geschichte zum Anfassen im Ribe Wikingermuseum

Tipp: Alle, die jetzt das Wikingerfieber gepackt hat, sollten das nur 2 Kilometer von der Altstadt entfernte Ribe VikingeCenter (s. S. 82) besuchen. Das lebendige Museum verwandelt sich jeden Sommer ins Ribe um 825.

Der „Seehund" für Hungrige

Unmittelbar an Ribes altem Hafen ist in ein 400 Jahre altes Wohnhaus das **RESTAURANT SÆLHUNDEN** eingezogen. Das Innere des „Seehundes" ist unaufgeregt gemütlich – Kinder sind bei Rinda und Mieke gern gesehen. Wer im Sommer drinnen sitzen bleibt, ist selbst schuld: Getränke (Cola ca. 25 DKK) und hausgemachte Fischgerichte, die es auch als Kinderteller gibt (69 DKK), schmecken im Atriumgarten oder draußen am Fluss gleich noch mal so gut. *Skibbroen 13, 6760 Ribe, Tel. +45 75 42 09 46, www.saelhunden.dk.*

Hier ist Watt los …

Wenn Sie sich jetzt noch ein wenig den Wind um die Nase wehen lassen möchten und Ihre Familie zu den Naturfans gehört, macht eine Erkundungsreise ins dänische Wattenmeer diese Ribe-Tour komplett. Nur knapp 8 Kilometer südwestlich von Ribe liegt in Vester Vedsted nämlich das Wattenmeerzentrum mitten in einem der vier Nationalparks Dänemarks.
Folgen Sie einfach der Landstraße 11 rund einen Kilometer gen Süden, dann rechts ab in Richtung Øster Vedsted, ab dort ist der Weg zum **VADEHAVSCENTRET** ausgeschildert

Auf ins Watt mit dem Mandøbussen!

[Vadehavscentret, Okholmvej 5, Vester Vedsted, 6760 Ribe, Tel. +45 75 44 61 61, www.vadehavscentret.dk, Ausstellung geöffnet Mai-Sep 10-17, Okt-April 10-16 Uhr, Erw. 100 DKK, Kinder unter 14 J. 50 DKK]. Los geht's in der schon für Kinder ab etwa 5 Jahren interessanten Ausstellung „Wattenmeer, Marsch und Menschen", die spielerisch erlebbar macht, wie empfindlich die Biosphäre beispielsweise auf Veränderungen reagiert, wie die Gezeiten arbeiten, Deiche geschützt werden und welche Kraft eine Sturmflut hat. Immer wieder dürfen neugierige Besucher selbst Hand anlegen und Dinge ausprobieren: Kinder (und Eltern!) bauen kleine Deiche, erzeugen eine Sturmflut, fassen Krabben an. Und in der Sturmflutshow erlebt man anschließend live, wie schnell sich das spiegelglatte, friedliche Wattenmeer in gefährliches Terrain verwandeln kann.

Unterwegs mit dem Ranger

Spannend sind auch die **WATT-TOUREN** mit einem dänischen Ranger. Rund 500 Naturführungen hat das Wattenmeerzentrum allein im Sommer im Programm. Für Familien sind davon vor allem einführende Wattwanderungen, Seehundsafaris und Angeltouren zu empfehlen. Unterwegs erklärt der Naturvejleder – so heißen die Ranger auf Dänisch – Muscheln, Krabben, Gezeiten, Deichbau und vieles mehr. In deutscher Sprache natürlich. Bei Ebbe – und nur dann! – kann man sich auch ein Stück auf eigene Faust hinaus ins Wattenmeer wagen. Erkundigen Sie sich aber vor dem Losgehen nach den Gezeiten und der nächsten Flut. Gummistiefel sind natürlich obligatorisch. Der Blick auf die Gezeitentabelle ist auch für die 10 Minuten dauernde Fahrt mit dem eigenen Auto hinüber auf die kleine Wattenmeerinsel Mandø obligatorisch: Der Ebbeweg ist, wie der Name schon sagt, nämlich nur bei Ebbe befahrbar.

Mit dem Traktor zur Insel

Erlebnisreicher als die Exkursion mit dem eigenen Pkw im Wattenmeer ist die Inseltour mit dem **MANDØBUSSEN:** Der Traktorbus mit buntem Anhänger startet auf dem Parkplatz Wattenmeerzentrum, die Fahrt hinüber dauert 40 Minuten. Sein Fahrplan richtet sich nach den Gezeiten. *Okholmvej 5, 6760 Ribe, Infos zum Fahrplan: Tel. +45 75 44 51 07, www.mandoebussen.dk, Erw. 60 DKK, Kinder unter 14 J. 40 DKK.*

Tour 2: Esbjerg und Fanø – die Spröde und die Schöne

ESBJERG • FANØ BAD • SØNDERHO • NORDBY

WO: *im Südwesten* – **WIE:** *mit dem Auto und zu Fuß, evtl. mit Fahrrädern* – **DAUER:** *Tagestour, auch aufteilbar in 1 Tag Esbjerg und 1 Tag Fanø* – **NICHT VERGESSEN:** *Badezeug, Flugdrachen, Picknick-Paket* – **WANN NICHT:** *samstags (s. Kasten S. 35)*

Esbjerg, die zunächst spröde wirkende Hafenstadt im Südwesten, und Fanø, die charmanteste Insel im europäischen Wattenmeer, sind Ziele dieser Tour. Die 30-Kilometer-Rundfahrt über Fanø ist für fitte Biker geeignet, führt zum Teil über festen Sand, sonst über Nebenstraßen und Radwege. Ein Teil kann mit dem **BUS SØNDERHO–NORDBY** zurückgelegt werden, der Räder mitnimmt *[tgl. 5-22 Uhr, in Spitzenzeiten stdl., mind. jede 2. Std., 17-27 Min., Erw. + 2 Kinder (bis 12 J.) 32 DKK, Kinder (0-15 J.) 16 DKK, Rad 22 DKK]*.

Starre Riesen, flinke Robben

Nähert man sich von Norden **ESBJERG** über die 475, sitzen plötzlich vier weiße Riesen mit dem Rücken zur Straße am Ufer, 9 Meter hoch, gleichförmig wie Klone, den Blick starr aufs Meer gerichtet. Mennesket ved Havet, der Mensch am Meer, heißt die Skulptur von Svend Wiig Hansen. Nimmt man zu Füßen der Riesen Platz, schaut man genau auf Grådybet. Durch diese Fahrrinne zwischen Fanø und der Halbinsel Skallingen gleiten alle Schiffe, die Esbjergs Hafen besuchen – wunderbar ist es hier zum Sonnenuntergang. Im Rücken der Riesen findet man Esbjergs Familienattraktion Nr. 1: das **FISKERI- OG SØFARTSMUSEET/ SALTVANDSAKVARIET I ESBJERG** *[Tarphagevej 2, 6710 Esbjerg, Tel. +45 76 12 20 00, www.fimus.dk, tgl. 10-16, Juli-Aug bis 18 Uhr, Feb-Juni u. Sep-Okt bis 17 Uhr, Erw. in den Ferien 140 DKK, sonst 115-135 DKK, bis 18 J. frei]* thematisiert Fischerei, Seefahrt

Skulpturengruppe Mennesket ved Havet bei Esbjerg

und Küstenleben in einer Bootshalle und einem großzügigen Open-Air-Bereich. In Aquarien tummelt sich ein Querschnitt der Nordseefauna und in einem Freiluftbecken leben Seehunde, die jeden Tag um 11 und 14.30 Uhr gefüttert werden – eine beliebte Show.

Esbjerg: junge Stadt im Retro-Look
In die Stadt hinein folgt man am besten den Hinweisschildern zum i-Büro. Esbjerg ist jung. Kurz nachdem Dänemark 1864 den Krieg um die Macht in Schleswig-Holstein und damit wichtige Häfen nach Westen verloren hatte, wurde der Bau beschlossen. Das **TOURISMUSBÜRO** *[Skolegade 33, 6700 Esbjerg, Tel. +45 75 12 55 99, www.visitesbjerg.de, So-Mi 10-20, Do-Sa 10-18 Uhr]* residiert im alten Gerichtshaus, das an eine mittelalterliche Burg erinnert,

Jensen's Bøfhus

Die Familienrestaurantkette steht für große Portionen zu günstigen Preisen und Präsente für die Kinder. Hungrige Eltern machen sich über „Spareribs – All you can eat" für 149 DKK her und der Nachwuchs über Menüs mit Frikadellen oder Hamburgern ab 50 DKK. Zum Dessert darf man sich am Softeis-Buffet unbegrenzt und ungeniert mit Streuseln und süßen Soßen für 39 DKK bedienen.
JENSEN'S BØFHUS, *Torvegade 10, 6700 Esbjerg, Tel. +45 75 18 18 70, Mo-Do/So 11.30-21.30, Fr/Sa 11-22 Uhr.*

Der Wasserturm von Esbjerg

die Post erinnert an einen Landsitz in dänischer Backsteingotik, eine Bank zeigt eine Fassade in Siena-Gotik und das Café Dronningen Louise pure Neorenaissance – als Esbjerg aus dem Dünenboden gestampft wurde, war gerade alles schick, was retro war. Ein weiterer Retro-Bau ragt von einer Anhöhe zwischen Stadtzentrum und Hafen auf: **VANDTÅRNET** *[Havnegade 22, 6700 Esbjerg, Juni-Mitte Sep Di-So 10-16 Uhr, April-Mai u. Mitte Sep-Okt Sa-So 10-16 Uhr, Erw. 20 DKK, bis 18 J. frei]*, ein Wasserturm von 1896/1897, für den das mittelalterliche Haus Nassau in Nürnberg Pate stand. Von oben ist die Aussicht auf Stadt, Hafen, Watt, Meer und die Insel Fanø grandios. Man blickt direkt auf ein Gebäude hinunter, das wie ein großer Kandisbrocken aussieht: das Musikhuset. Dieses Veranstaltungszentrum wurde von Jørn Utzon entworfen, dem Architekten der Oper von Sydney. Er musste in den Bau ein schon vorhandenes Gebäude integrieren, das **ESBJERG KUNSTMUSEUM** *[Havnegade 20, 6700 Esbjerg, Tel. +45 75 13 02 11, www.eskum.dk, Juli-Aug tgl. 10-16, sonst Di-So 10-16 Uhr, Erw. 60 DKK, bis 18 J. frei]*, das sich der Kunst der Moderne ab 1920 widmet.

Das Musikhuset in Esbjerg

Fähre nach Fanø

Die Anleger in Esbjerg am Dokvej sowie in Nordby auf Fanø sind gut ausgeschildert. Kassiert wird nur bei Abfahrt Esbjerg, der Preis gilt für die Hin- und Rückfahrt. Eine Reservierung ist nicht möglich, meist gibt es aber kaum Wartezeiten – außer samstags im Sommer.
FANØFÆRGEN, *Tel. +45 70 23 15 15, www.faergen.dk, Mo-Fr 04.50-0.15, Sa/So 5.40-2.15 Uhr, 1- bis 3-mal stdl., Erw. 45 DKK, Kinder (4-17 J.) 25 DKK, Pkw/Camper bis 6 Meter und max. 9 Personen 195-415 DKK je nach Saison.*
Nach der Ankunft in Nordby findet man das **FANØ TURISTBUREAU** mitten im Ort.
Skolevej 5-7, 6720 Nordby, Tel. +45 70 26 42 00, www.visitfanoe.dk, Juli-Aug Mo-Fr 10-16, Sa/So 11-15 Uhr, Sep-Juni Mo-Fr 10-12, Sa/So 13-16 Uhr.

Der Hafen: Fische ersteigern!
Vom Hafen Esbjerg aus werden die dänische Öl- und Gasförderung in der Nordsee und der Offshore-Windenergiepark vor Blåvands Huk (s. S. 18) versorgt. Darüber hinaus machen ihn Fähren aus England und Island sowie Frachter aus aller Welt zum Gateway für ganz Skandinavien – geschäftig, modern, industriell. Eine Fähre hat nur einen kurzen Weg: 12 Minuten dauert die Überfahrt auf die vorgelagerte Insel Fanø (s. Kasten links). An die einst bedeutende Konsumfischerei erinnern nur noch ein paar Fischauktionen für Touristen im Sommer in der alten **AUKTIONSHALLE** *[Auktionsgade 5, 6700 Esbjerg, Juli-Anfang Aug Mi 11 Uhr, aktuelle Daten im Tourismusbüro]*. Sie sind für Familien ein Event, aber auch für viele ehemalige Fischer ein soziales Ereignis, bei dem sie sich treffen, ersteigerte Fische für Besucher filetieren und von alten Zeiten erzählen. Nebenan im ehemaligen Fischereihafen liegen heute mehr Freizeitboote als Kutter, aber auch das älteste Holzfeuerschiff

Mehr Meer erkunden

Wer den Hafen von Esbjerg vom Wasser aus erleben möchte, kann dies mit der **BARKASSE SØNDERHO** tun.
Juli/Aug ab den Anlegern der Fanø-Fähre in Esbjerg und Nordby, Mo-Do 10.45 u. 13.45 Uhr, Fr 10.45 Uhr, Sep Mo-Fr 11.50 Uhr, Erw. 130 DKK, Kinder (4-17 J.) 70 DKK, „2 + 2“-Familien 330 DKK, nur wenn das Wetter es zulässt, bis Ho Bugt, kein Vorverkauf.

der Welt **FYRSKIBET HORNS REV** *[Rødspættekaj Pier 1, 6700 Esbjerg, April-Okt Mo/Di/Do 10-12 Uhr, Erw. 25 DKK, Kinder (8-15 J.) gratis in Begleitung von Erwachsenen, sonst 10 DKK]*, das in aktiver Zeit vor Blåvands Huk im Einsatz war.

Fanø: charmantes Eiland
Rund 3.200 Menschen leben permanent auf **FANØ**, die meisten in Nordby im Norden und gut 400 in Sønderho im Süden der Insel.
Vom Fähranleger führt die gut ausgebaute Inselhauptstraße am Zentrum von Nordby vorbei Richtung Süden. Wir biegen am Ortsausgang auf den Strandvejen, der ohne Umwege bis zum Strand vor Fanø Bad führt. Dieser Badeort hinter den Dünen war zur Wende vom 19. ins 20. Jahrhundert ein edles Promibad. Heute zeigt es sich eher modern denn mondän. Von den Bausünden sieht man aber nichts mehr, sobald man auf dem kilometerbreiten Nordseestrand steht (s. S. 17). Über den fährt man weiter nach Süden. Aber bitte nicht so rasen wie jene Männer, die auf Fanøs Strand in den 1920ern Geschwindigkeitsrekorde jagten. Der legendäre Sir Malcolm Campbell setzte hier 1923 eine Rekordmarke von 221 km/h.

Romantisches Sønderho
SØNDERHO im Süden der Insel erlebte im 18. und 19. Jahrhundert eine Boomzeit, als es im Ort von Skippern und Reedern nur so wimmelte. Von den reetgedeckten Häusern, die aus dieser Zeit erhalten sind, stehen rund 70 unter Denkmalschutz – also praktisch ganz Sønderho. Viele zeigen den Fanø-Fries in Grün, Weiß und Schwarz über Türen und Fenstern.

Kulinarisches Sønderho

Hinter den Deichen in Sønderho steht der **SØNDERHO KRO** mit seinem tiefen Reetdach für romantische Kro-Gastlichkeit. Das Haus liefert mit seiner Gourmetküche nicht immer das, was Kinder lieben, aber zum Frokost oder Kaffee ab 15 Uhr kann man gut einen Familienstopp einlegen.
Kropladsen 11, 6720 Sønderho, Tel. +45 75 16 40 09, www.sonderhokro.dk, Saison tgl., sonst Mo/Di geschl., Frokost-(Mittags-)Gerichte ab 149 DKK, Kindergerichte ab 89 DKK, abends Menüs ab ca. 400 DKK.

HANNES HUS *[Øster Land 7, 6720 Fanø-Sønderho, Tel. +45 51 50 18 50, Juni/Sep Mi/Sa 14-16, Juli-Aug Di-So 14-16 Uhr, Erw. 30 DKK, Kinder bis 14 J. Eintritt frei]* ist ein typisches Skipperhaus. Innen hat sich seit fast 200 Jahren kaum etwas verändert. Im Volksmund hieß Sønderho nur die „Stadt der Witwen und Waisen" – allein im Winter 1824/1825 verloren 40 Frauen ihre Männer und über 100 Kinder ihre Väter. An sie erinnert das Denkmal der wartenden Mutter mit ihren Kindern auf dem Friedhof gegenüber der Sønderho Mølle, einer sorgfältig restaurierten Hollandmühle. Dass es aber auch Rettung aus Seenot gab, dokumentieren 15 prächtige Votivschiffe in der **SØNDERHO KIRKE** *Sønderho Strandvej 1A, 6720 Fanø, Mo-Sa 8-16, So 12-16 Uhr]*, von Seemännern gestiftet, die gerade noch dem nassen Tod entkamen. Um die Gewässer vor der eigenen Tür sicherer zu machen, entstand 1889 am Weg zwischen Sønderho und Weststrand eine Rettungsstation, erkennbar an zwei über Kreuz aufgemalten Spitzflaggen auf grünem Tor. Eine Ausstellung informiert heute über die Seenotrettung *[Sønderho Strandvej 15, 6720 Fanø-Sønderho, Ostern-Nov tgl. geöffnet, aber unbemannt, Erw. 20 DKK, Kinder 5 DKK, Dose neben dem Eingang für Eintrittsgeld]*.

Durchs Inselinnere nach Nordby

Über die gut ausgebaute Straße geht's durchs Inselinnere zurück nach Nordby. Fanøs Mitte ist eine archaische Dünen- und Heidelandschaft mit einigen Strandforsten. Am 21 Meter hohen Aussichtspunkt **PÆLEBJERG** gibt es schöne Spazierwege und für Kinder auch **NATURLEGEPLADSEN** *[Fyrrevangen 5, 6720 Fanø]*, einen der fantasievollsten Natur- und Waldspielplätze Dänemarks, zum Teil von Künstlern aus Naturmaterialien gestaltet. Nordby, Ausgangspunkt unserer Fanø-Rundfahrt, ist der wichtigste Inselort mit den meisten Läden und Lokalen. Nett zum Bummeln, aber bei Weitem nicht so romantisch wie Sønderho. Seefahrt und Inselalltag sind die Themen im **FANØ SKIBSFARTS- OG DRAGTSAMLING** *[Hovedgaden 28, 6720 Fanø-Nordby, Tel. +45 75 16 22 72, Mo-Fr, Mai-Sep 11-17, April 11-16, Okt 11-15 Uhr, April-Okt Sa 10-15 Uhr, Erw. 25 DKK, Kinder 5 DKK]*. Der Name lässt erahnen, welchen weiteren Schwerpunkt das Museum hat: Trachten. Fanø gilt als Trachten-Hochburg, nirgendwo sonst werden sie so gern gezeigt wie hier, besonders zu den Trachtenfesten in Nordby und Sønderho im Juli. Vom Museum sind es dann nur noch ein paar Meter zurück zum Fähranleger.

Das romantische Restaurant Sønderho Kro

Tour 3: Rund um den Ringkøbing Fjord

RINGKØBING • STAUNING • NATIONALPARK SKJERN ENGE • BORK • HVIDE SANDE • SØNDERVIG

WO: *mittlere Westküste* – **WIE:** *Auto, Etappen lassen sich als Radtouren herauspicken, wenn der Fahrradtransport zu Start und Ziel organisiert werden kann* – **DAUER:** *Tagestour, kann auf mehrere Tage aufgeteilt werden* – **NICHT VERGESSEN:** *Badezeug, Strandspielzeug, Picknick-Paket*

Der **RINGKØBING FJORD** ist kein Fjord, wie man ihn aus Norwegen kennt. Hier schabte nie Gletschereis am Granit, sondern ein Gletscherstrom bildete in einer flachen Landschaft ein Delta, daraus entwickelte sich eine Meeresbucht und vor die schoben Strömungen die Nehrung Holmsland Klit. So ist dieser Fjord genau genommen ein Haff, maximal 40 Kilometer in Nord-Süd- und 10 Kilometer in West-Ost-Ausdehnung. Die 95 Kilometer einmal herum sind mit dem Auto bequem an einem Tag zu schaffen, man darf sie aber gern in mehreren Etappen, vielleicht sogar mit dem Rad, bewältigen.

Nostalgisches Ringkøbing

RINGKØBING, die wohl gemütlichste Shopping-Stadt nördlich des Watten-

Historische Fischerhütte am Ringkøbing Fjord

Bork: Achtung, Wikinger!

Keine 2 Kilometer westlich der Ferienhaussiedlung und Surferhochburg Bork befasst sich **BORK VIKINGEHAVN** mit der maritimen Seite der Wikingerzeit. Eine Küstensiedlung ist nachgebaut, in der die Epoche konsequent gelebt wird. Am Kai dümpeln derweil Nachbauten der Wikingerschiffe, mit denen Besucher zu Touren auf den Fjord hinausfahren. *Vikingevej 7, 6893 Hemmet, Tel. +45 75 28 0597, Ostern-Okt mind. So-Fr 11-16, Hochsaison tgl. 11-17 Uhr, Erw. je nach Aktivitäten 60/125 DKK, bis 18 J. frei; Bootstouren ca. 30 DKK/Person extra.*

meeres, wurde durch seinen Hafen groß. Heute liegen dort nur noch Freizeitboote, und wo früher Schiffe gebaut wurden, montiert Vestas Windturbinen. Der Weltmarktführer in Sachen Windenergie stammt aus der Region und ist hier einer der wichtigsten Arbeitgeber.
In Ringkøbing stammen zahlreiche Häuser aus der Zeit des frühen 17. Jahrhunderts. Das älteste von etwa 1600 ist das Hotel Ringkøbing am Marktplatz. Die nostalgischen Gassen zwischen diesem großen, im Sommer bis spät in die Nacht quirligen Platz und dem Hafen waren die ersten Geschäftsstraßen der Stadt. Im alten Rathaus am Marktplatz hält das **I-BÜRO RINGKØBING TURISTSERVICEKONTOR** *[Vestergade 2, 6950 Ringkøbing, Tel. +45 70 22 70 01, www.hvidesande.dk, Ende April-Ende Okt. Mo-Do 12-16, Sa 10-14 Uhr]* die Broschüre „Stadtrundgang Ringkøbing“ auch in Deutsch bereit, die fast zu jedem Haus etwas zu berichten weiß. Da kann nur der **NACHTWÄCHTER** mithalten, der im Sommer mit großem Gefolge durch die Gassen zieht und dabei alte Gesänge seiner Zunft sowie historischen Tratsch zum Besten gibt *[Juli-letzten Fr im Aug tgl. 20 Uhr ab i-Büro, gratis]*. Das **RINGKØBING MUSEUM** *[Herningvej 4, 6950 Ringkøbing, Tel. +45 97 32 16 15, www.levendehistorie.dk, Feb-Dez Mo-Fr 10-17, Sa 10-14 Uhr, Jul-Aug auch Sonntags 10-14 Erw. 50 DKK, bis 18 J. frei]* besitzt neben der üblichen heimatkundlichen Sammlung eine Abteilung über Grönland und die Expeditionen des Polarforschers Ludvig Mylius-Erichsen, der in der Stadt aufwuchs.

Souvenirs

KLOSTER DESIGN ist der wohl größte Souvenirladen am Ringkøbing Fjord mit typisch dänischem Kleinkram. Kerzen kann man selbst ziehen, Kinder machen das sehr gern – und später freuen sich Omas und Tanten über die Mitbringsel. *Klostervej 96, 6950 Ringkøbing (ca. 1,5 Kilometer nördl. der Hauptstraße Søndervig–Ringkøbing), Kloster, 6950 Ringkøbing, Tel. +45 97 33 72 38, Mo-Fr 10-17, Sa 10-13 Uhr.*

Oldtimer über Stauning, Adler über der Skjern Å

Vom Ringkøbing Museum aus nimmt man den Kongevejen, der später als Vellingvej am Wasser entlang nach Süden führt. Bald hinter der Bauerschaft Velling biegt eine Straße Richtung Stauning ab, Ziel **DANMARKS FLYMUSEUM** *[Lufthavnsvej 1, Stauning, 6900 Skjern, Tel. +45 97 36 93 33, www.flymuseum.dk, Mitte März-Okt tgl. 10/11-16/17 Uhr, ab 14 J. 70 DKK, 7-14 J. 30 DKK]*. In seinen Hallen am Regionalflughafen Vestjyllands Lufthavn stehen rund 50 Flugzeuge und Hubschrauber. Etliche der Oldtimer sind flugfähig und heben in der Hochsaison donnerstags zu Showflügen ab. Auf der Weiterfahrt nach Süden müssen Autofahrer einen Schlenker landeinwärts machen, um über die Skjern Å zu kommen, während Radfahrer und Wanderer den Fluss näher am Fjord mit Muskelkraft auf einfachen Seilzugfähren queren können. Diese liegen mitten im Nationalpark Skjern Å. Der Fluss wurde 1999 bis 2003 renaturiert, nachdem er erst drei Jahrzehnte zuvor für die Bedürfnisse der Landwirtschaft wie ein Kanal begradigt wurde. Jetzt strömt er wieder träge in mehreren Armen Richtung Fjord. Viele seltene Tiere sind zurückgekommen, sogar Seeadler werden regelmäßig gesichtet. Wege sind markiert, Vogelbeobachtungstürme aufgestellt.

Fisch – zum Ersten, zum Zweiten und zum Dritten!

Frühaufsteher können die **FISCHAUKTION** der Profis in einer Halle am Hafen von Hvide Sande miterleben: ein faszinierendes Ritual, von dem Laien längst nicht alle Details mitbekommen. Aber man staunt, was alles in der Nordsee gefangen wird. Langsamer und für alle verständlich – der Auktionator wechselt sogar immer wieder ins Deutsche – geht es an einigen Sonntagen im Juli und August zu, wenn um 11 Uhr Auktionen für Touristen abgehalten werden. Da kommen auch einzelne Fische oder allenfalls mal eine Plastiktüte voll Schollen oder Krabben unter den Hammer. Alte Fischer stehen bereit, gegen eine kleine Spende den „Fang" fachgerecht zu säubern. *Auktionsgade, 6960 Hvide Sande, Mo-Fr 7 Uhr.*

Picknickpause am Holmsland Klit

Holmsland Klit – der Süden

Unsere Tour erreicht die gut 35 Kilometer lange, schmale Nehrung **HOLMSLAND KLIT** nahe Nymindegab (s. S. 19). Vom höher gelegenen Ort erkennt man eine Kette mehr oder weniger stehender Gewässer. Sie blieben vom Nymindestrøm übrig, der letzten natürlichen Verbindung zwischen Fjord und Nordsee, die ab Mitte des 19. Jahrhunderts versandete. Dort, wo die Straße 181 an einen Arm des alten Gezeitenstroms stößt, ist ein typisches Saisonlager rekonstruiert, wie es Nebenerwerbsfischer im 19. Jahrhundert hier nutzten. Nach gut 15 Kilometern liegt an der Straße nach Norden ein für Westjütland typischer reetgedeckter Vierkanthof neben der Straße: **ABELINES GÅRD** *[Sdr. Klitvej 87, Haurvig, 6960 Hvide Sande, Mitte Mai-KW 42 So-Fr 11-17, Café ab 13 Uhr, Erw. 50 DKK, bis 18 J. frei]*. Mitte des 19. Jahrhunderts für einen Strandvogt gebaut, trägt der Hof den Namen von Abeline Christensen, die hier weit über ein halbes Jahrhundert lebte. Sie heiratete 1890 den damaligen Strandvogt, bekam schnell fünf Kinder und wurde mit 34 Witwe. Als alleinerziehende Mutter bewirtschaftete sie den Hof, übernahm sogar das Amt des Strandvogtes – und überlebte ihren Mann um 53 Jahre. In der Saison werden alte Handwerkstechniken wie Klöppeln oder Bernsteinbearbeitung demonstriert.

Und noch einmal Fisch …

Wo der Fisch so frisch ist, da will man ihn auch essen. Geräuchert zum Mitnehmen oder in großer Auswahl beim täglichen Fischbuffet bekommt man ihn in der **HVIDE SANDE RØGERI,** *Troldbjergvej 4, 6960 Hvide Sande, www.hvidesanderogeri.dk, Laden Mo-Fr 9-17, So 10-16 Uhr, Restaurant So-Do 11-16, Fr/Sa und Hochsaison tgl. 11-21 Uhr, Buffet: Erw. ca. 195 DKK, Kinder (bis 10 J.) ca. 85 DKK.* Wer Fisch lieber selbst zubereitet, findet eine große Auswahl bei **EDGAR MADSEN**, dem besten Fischladen an der Küste. *Metheasvej 10, 6960 Hvide Sande, Tel. +45 97 31 14 33, Mo-Fr 9-17.30, Sa 9-13/15 Uhr, auch an Sonntagen mit Touristenauktion in der Fischhalle.*

Hvide Sande

Nach mehreren gescheiterten Versuchen gelang es 1931, etwa in der Mitte von Holmsland Klit eine solide Verbindung zwischen Fjord und Nordsee zu schaffen: Der **HVIDE SANDE KANAL** mit Schleusen und Wehren öffnete Schiffen und Fischen den Weg. Um den Kanal entstand Hvide Sande, einer der wenigen verbliebenen Fischereistandorte Dänemarks. Aber auch Hobbyangler kommen zum Zuge: Ende April, wenn Heringsschwärme zwischen Fjord und Meer hin- und herwandern, findet dem silbernen Fisch zu Ehren das **SILDEFESTIVAL** statt *[www.sildefestival.dk]*: Beim Wettangeln liegt der bisherige Rekord bei 194 Heringen in einer Stunde; Kinder gehen in einer eigenen Klasse an den Start. Lebende Fische aus Fjord und Nordsee zeigt **FISKERIETS HUS – MUSEUM & AKVARIUM** *[Nørregade 2B, 6960 Hvide Sande, Tel. +45 97 31 26 10, www.fiskerietshus.dk, tgl. 10-16/17 Uhr, Erw. 90 DKK, Kinder 30 DKK]*. Im selben Haus befindet sich das **HVIDE SANDE TURISTSERVICE-KONTOR** *[Tel. +45 70 22 70 01, www.hvidesande.dk, Juli-Dez Mo-Fr 8.30-16]*. Wasserratten aller Art zieht nördlich von Hvide Sande die **AQUA SPORTS ZONE** an: Eine Windsurferschule, ein Seekajak-Verleih und der Kabelpark für Wasserski und Wakeboard sind am Fjordufer vereint. Publikumsrenner ist der Kabelpark *[Gytjevej 15, 6960 Hvide Sande, Tel. +45 28 72 80 00, www.kabelpark.dk, 1 Std. inkl. Leihausrüstung 270 DKK, 1 Tag ca. 600 DKK, Mai-Okt tgl. mind. 12-18, Saison auch ab 11 und bis max. 23 Uhr]*. Man saust vom Schlepplift gezogen übers Wasser. Fast 800 Meter lang ist jede Runde – und man kann fahren, solange es einen auf den Beinen hält.

Nørre Lyngvig Fyr und Søndervig
Nördlich von Hvide Sande setzen sich die Ferienhaussiedlungen fort: Vom Leuchtturm **NØRRE LYNGVIG FYR** *[Holmsland Klitvej 109, 6960 Hvide Sande, Juli-Aug tgl. 10-20.30, sonst 11-16/17 Uhr, witterungsabhängig, Erw. 50 DKK, Kinder unter 18 J. Eintritt frei]*, der 38 Meter in den Himmel ragt, kann man ihre Ausdehnung gut erkennen, aber auch den Strand, das Meer und den Fjord. Søndervig ist der Ort am Fjord, der sich mit Pubs und Discos, Badeland und einem jährlich wiederkehrenden Sandskulpturenfestival am meisten auf Touristen einstellt. Mitten durch den Ort verläuft ein viel benutzter Strandzugang. Nach Osten sind es jetzt noch 9 Kilometer bis zum Startpunkt der Tour in Ringkøbing.

Malerisch: der Leuchtturm Lyngvig Fyr

Das Überall-Museum

Rund um den Fjord hat das Ringkøbing-Skjern Museum Ableger, darunter Ringkøbing Museum, Bork Vikingehavn und Abelines Gård, aber auch das Eisenzeitzentrum Dejbjerg Jernalder und die Bundsbæk Mølle, Dänemarks letzte intakte Wassermühle, beide 8 Kilometer nördlich von Skjern, oder Landarbeiterhäuser mit volkskundlicher Relevanz wie Gåsemandens Gård in Nørre Bork und Hattemagerhuset in Tarm. Und der alte Fahl Kro neben dem Wikingerhafen ist Café und Museum zugleich. Programm und Öffnungszeiten aller Abteilungen in den i-Büros oder online auf www.levendehistorie.dk. Wer in der Region Urlaub macht, sollte die Wochenkarte für alle Abteilungen nutzen (Erw. 150 DKK, bis 18 J. frei).

Tour 4: Nordjütland – zwischen Licht und Sand

LØNSTRUP • HIRTSHALS • TVERSTED • ÅLBÆK • SKAGEN

WO: *im hohen Norden Jütlands* – **WIE:** *mit dem Auto und zu Fuß* – **DAUER:** *Tagesausflug* – **NICHT VERGESSEN:** *Badesachen und Picknickkorb*

Dänemarks hoher Norden ist genau genommen eine Insel. Denn Nordjütland ist auf drei Seiten von Wasser umgeben: vom Limfjord – dem größten Fjord des Landes – im Süden, der Nordsee (Skagerrak) im Westen und der Ostsee (Kattegat) im Osten. Diese Tour führt zu den schönsten Plätzen der Westküste zwischen dem dramatisch-schönen Fischerort Lønstrup und dem mondänen Badeort Skagen. Sie beginnt nur rund 20 Kilometer entfernt von den beliebten Ferienorten Løkken und Blokhus und ist damit die erlebnisreiche Ergänzung zu entspannten Tagen am Strand.

Steilküsten und Landraub

Von Süden aus erreicht man **LØNSTRUP** mit dem Auto in 20 Minuten über die Landstraße 55. In Sønder Rubjerg links abbiegen und der „Margeriten-Route" – Dänemarks große Touristenstraße führt über insgesamt 3.500 Kilometer auf kleinen Nebenstraßen durchs ganze Land, Schilder mit gelben Margeriten auf braunem Grund weisen den Weg –

„Bootsparkplatz" am Strand von Lønstrup

bis Lønstrup folgen. Einen Parkplatz findet man am Ende des Strandvejen (Vigen). Im kleinen Fischerort lebt ein Stück historischer Fischereikultur fort: Weil es in Lønstrup keinen Hafen gibt, ziehen die Fischer ihre Boote nach dem Fang hinauf an den Strand gleich unterhalb des Parkplatzes. Sie dabei zu beobachten ist ein aufregendes Schauspiel – „Aufführung" in der Regel am späten Vormittag zwischen 11 und 13 Uhr. Ein 20-minütiger Strandspaziergang führt von hier aus zu Nordjütlands berühmtem Wahrzeichen, das an der Steilküste am Südende des Ortes liegt: Die rauen Kräfte der Natur haben die kleine

MAARUP-KIRCHE (erbaut um 1250) fast ins Meer gerissen! Lag die Nordsee vor 25 Jahren noch sichere 90 Meter entfernt, sind es jetzt weniger als 9. Um neugierige Besucher zu schützen, hat die dänische Naturschutzbehörde Skovog Naturstyrelsen Ende 2008 das Kirchendach abgebaut und eingelagert und die Außenmauern bis auf eine Höhe von 2 Metern zurückgebaut *[freier Zugang, Eintritt frei]*.
Ein Stück weiter südlich erreicht man die noch spektakulärere Steilküste bei **RUBJERG KNUDE**, die 70 Meter in die Höhe ragt. Auch der kleine Leuchtturm (nicht zugänglich) von 1899 ist ein Symbol für das harte Leben an der Küste – sein Betrieb wurde 1968 eingestellt, weil Dünen und Meer ihm immer näher kamen.

Große Wanderdünen bei Råbjerg Mile

Tor nach Norden

Weiter geht's nach **HIRTSHALS**. Hirtshals' Hafen ist Dänemarks „Tor nach Nordeuropa": Von hier verkehren mehrmals täglich Fähren nach West- und Südnorwegen. Für Sicherheit am Hafen sorgt das Wahrzeichen der Stadt: Der 1863 errichtete **LEUCHTTURM** strahlt 25 Seemeilen (46,3 Kilometer) weit hinaus. Wer seine 144 Stufen erklimmt, hat einen weiten Blick auf Meer und Land *[Fyret 2, 9850 Hirtshals, tgl. 10-Sonnenuntergang, Erw. 20 DKK, Kinder 6-15 J. 10 DKK]*. Von hier oben erkennt man im Osten auch Hirtshals' große Familienattraktion, das **NORDSØEN OCEANARIUM** *[Willemoesvej 2, 9850 Hirtshals, Tel. +45 98 94 44 44, www.nordsoenoceanarium.dk, Kernzeiten 9-16, Saison bis 18 Uhr, Erw. 160 DKK, Kinder (3-11 J.) 85 DDK]*. Papa geht mit den Kindern allein auf Streifzug in die Unterwasserwelt? Dann bleibt Mama Zeit für einen kleinen Shoppingbummel auf dem Grünen Platz (Den Grønne Plads) am Hafen und durch die Nørregade – Dänemarks einzige Fußgängerzone mit Meerblick –, an der auch die **TOURISTEN-INFORMATION** liegt *[Jyllandsgade 10, 9850 Hirtshals, Tel. +45 98 94 22 20, www.visithirtshals.com, Juli-Aug Mo-Fr 9-16, Sa 9-18, sonst Mo-Fr 9-16, Sa 9-13 Uhr]*. Damenmode und Haushaltstextilien finden Sie bei **CENTRUM V/JONNA** *[Nørregade 15, 9850 Hirtshals, Mo-Fr 10-17.30, Sa 10-13 Uhr]*, dänische Mode für Teenager und Große bei **PIA HARBO** *[Nørregade 3, 9850 Hirtshals, Mo-Fr 10-17.30, Sa 10-13 Uhr]*. Ihre Kleinen brauchen jetzt eine Abkühlung? Kein Problem: Der kinderfreundliche „Hausmutterstrand" („Husmoderstranden") am **KYSTVEJEN** ist nur 5 Minuten entfernt.

Kerzen und Adler

Keine 20 Kilometer sind es Richtung Osten bis ins Dorf Tversted, das sich wegen seiner Lage an den kilometerlangen Badestränden der Tannis-Bucht im Sommer in ein Ferien-Eldorado verwandelt. Hier lohnt ein Stopp bei **TANNIS LYS**: Die Kerzenmanufaktur stellt die farbenfrohesten Kerzen Nordjütlands her. Kinder dürfen beim Kerzenziehen mitmachen *[Elkærvej 4, 9881 Bindslev, geöffnet nach Absprache unter Tel. +45 40 33 17 11 oder unter bodil.terp@gmail.com]*.

Nun aber weiter und der Straße 597 noch 18 Kilometer folgen – dann heißt es: „Kopf einziehen!". In der **ADLERWELT** („Ørnereservatet") kommen majestätische See- und Steinadler Zuschauern bei den einstündigen Vorführungen manchmal so nah, dass man ihren Flügelschlag spüren kann. Zum Programm gehören auch Beizjagden mit Falken *[Skagensvej 107, 9881 Bindslev, www.eagleworld.dk, Flugshows Juli/Aug Di-So 10/15, Mai Mi/Sa 10/15, Juni Mi/Do 10 u. Sa/So 15, Sep Mi/Sa 10/15 Uhr, Erw. 125 DKK, Kinder (bis 12 J.) 60 DKK]*.

Die versandete Kirche Skt. Laurentii

Wüste(n) Sache

Anschließend geht es weiter bis zum Ferienort **ÅLBÆK**, wo Sie am Kreisverkehr links in den Ålbækvej einbiegen. Hinter Ålbæk wird Nordjütland immer schmaler, bis es nördlich von Skagen in der Landspitze Grenen „gipfelt". Biegen Sie auf halber Strecke nach Skagen in Hulsig nach links ab, folgen Sie den Schildern zum Parkplatz der Råbjerg Mile und machen Sie sich bereit für eine 30-minütige „Wüstenexpedition". **RÅBJERG MILE** ist mit 4 Millionen Quadratmetern Sand die größte Wanderdüne Dänemarks, eine der größten Europas. Der bis zu 40 Meter hohe „Sandberg" bewegt sich Jahr für Jahr etwa 15 Meter von Westen nach Osten. Fachleute schätzen, dass in 200 Jahren die Düne in der Ostsee verschwindet. Eine Bitte: Råbjerg Mile ist frei zugänglich, steht aber unter Naturschutz – bleiben Sie auf den markierten Wegen.

Welche Kraft die Wanderdünen im dänischen Norden haben, erahnt man auch beim Abstecher zur berühmten versandeten Kirche. Das frühere Skagener Gotteshaus Skt. Laurentii (14. Jahrhundert) erreichen Sie, wenn Sie rund 1,5 Kilometer vor der Ortseinfahrt von Skagen nach rechts abbiegen und den Schildern **DEN TILSANDEDE KIRKE** folgen. Heute steht nur noch der Turm – der Kirchenraum wurde 1795 auf königlichen Befehl hin abgerissen, nachdem Wanderdünen die Kirche immer wieder verschüttet hatten *[Gamle Landevej 63, 9990 Skagen]*.

Strahlend gelbe Sommerfrische

In **SKAGEN** leuchten Ihnen die tiefgelben Häuser mit ihren roten Dächern entgegen, für die Dänemarks nördlichste Stadt bekannt ist. Im Sommer enden die Tage hier im Norden manchmal gar nicht: Wenn der letzte Sonnenschimmer im Westen über der Nordsee versinkt, wird es im Osten schon wieder hell. Dieses besondere Licht zog um 1900 die berühmten Skagenmaler an: P. S. Krøyer, Anna und Michael Ancher und Holger Drachmann malten Skagens Fischer und Künstlerfeste am Strand. Mit den Malern verwandelte sich das verschlafene Fischerdorf in einen beliebten Badeort. Skagens Puls schlägt am Hafen – den erreichen Sie, wenn Sie den i-Schildern zur **TOURISTENINFORMATION** *[Vestre Strandvej 10, 9990 Skagen, Tel. +45 98 44 13 77, www.skagen-tourist.dk, Juli Mo-Sa 9-16, So 10-14, sonst Mo-Fr 9.30-16, Sa 10-13/14 Uhr]* folgen. Hier herrscht im Sommer ein buntes Sprachengewirr. Segelboote aus allen Nationen liegen dicht an dicht. Bummeln Sie hinüber zu den historischen roten Packhäusern. In die früheren Lagerhäuser der Fischer sind heute Fischrestaurants und Cafés eingezogen. Im preiswerten **PAKHUSET** dürfen Kinder auch mal mit Mayonnaise kleckern, ohne dass es schiefe Blicke gibt *[Rødspættevej 6, 9990 Skagen, Tel. +45 98 44 20 00, tgl. 11-20.30 Uhr]*. Wer keinen Hering oder anderen Fisch (ab 78 DKK) mag, kann hier oder in einem der anderen Imbisse auch „røde pølser", die typisch dänischen Würstchen, bekommen. Und dann gibt's natürlich ein Softeis (25-30 DKK). Gut gestärkt ist es genau die richtige Zeit für einen Streifzug durch die Hafenshops auf der gegenüberliegenden Mole.

Unterwegs mit dem Traktorbus

Das Fischrestaurant Pakhuset Skagen

Beim Bummel durch Skagens enge Altstadtgassen sollten Sie einen Besuch im **SKAGENS MUSEUM** *[Brøndumsvej 4, 9990 Skagen, Tel. +45 98 44 64 44, www.skagensmuseum.dk, Mai-Aug Di-So 10-17, Mi 10-21 Uhr, Erw. 100 DKK, bis 18 J. frei; Malerschule: in den dänischen Schulferien (KW 7/8/42) und Juli je 10.15-12 Uhr, 120 DKK]* auf keinen Fall versäumen. Vor dem Kunstmuseum stehen die

Genuss zwischen den Meeren

Fast ein halbes Jahrhundert hieß Dänemarks nördlichstes Restaurant nach seiner Lage schlicht „Restaurant Grenen". 2008 verwandelte Henrik Tachau Kristensen das Haus in den Dünen mit Witz und Stil ins **RESTAURANT DE 2 HAVE** – nirgends sonst in Dänemark genießt man eine solche Aussicht auf zwei Meere, selbst bei Sturm oder Regen. Klassisch dänische Gerichte aus Produkten der Region gibt es schon ab 135 DKK. Und nur keine Hemmungen: Eis, Cola, eine Tasse Kaffee oder ein Stück Kuchen sind in Gastropub oder Strandbar mit ca. 30 DKK nicht teurer als üblich. *Fyrvej 42, 9990 Skagen, Tel. +45 98 44 24 35, www.restaurantde2have.dk.*

Maler Krøyer und Ancher in Bronze, drinnen hängen einige ihrer schönsten Bilder. Toll: In der „Malerschule" erklären Museumspädagogen 7- bis 14-Jährigen zuerst Spannendes zu Leben und Werk der Skagenmaler, dann malen die Kinder, inspiriert von ihren Vorbildern, selbst eigene Bilder. Folgen Sie nun den „Grenen"-Schildern nach Norden bis zum großen Parkplatz. Weiter kann man in Dänemark nicht fahren – aber laufen! Bis zur Nordspitze **GRENEN** sind es 15 Minuten durch die Dünen. Gehen Sie zunächst nach rechts und folgen Sie den Schildern zu „Drachmanns grav", dem Grab des Dichters und Malers Holger Drachmann in den Dünen. Nun hinunter zum Strand und weiter am Ufer entlang bis dorthin, wo Dänemark wirklich endet. Wo sonst kann man schon mit zwei Beinen in zwei verschiedenen Meeren stehen – in Nord- und Ostsee, Skagerrak und Kattegat? Achten Sie bitte darauf, dass Ihre Kinder nicht zu weit hinausgehen – die Strömung ist tückisch! Baden ist hier ausdrücklich verboten. Wer jetzt keine Lust mehr auf den Rückmarsch hat, darf fahren: Der rot-weiße Traktorbus **SANDORMEN** (dt. Sandwurm) fährt ganztägig zwischen Grenen und Parkplatz hin und her und ist besonders bei den Kleinen sehr beliebt *[April-Okt tgl. 10-20 Uhr bzw. solange Nachfrage besteht, www.sandormen.dk, Erw. 30 DKK, Kinder 15 DKK].*

Ein Bär kommt selten allein

Unter jede Menge Kunst haben sich in Skagen auch 1.000 Teddybären gemischt. Der älteste ist mehr als 100 Jahre alt: **SKAGENS BAMSEMUSEUM** ist Skandinaviens erstes Teddybärmuseum und besonders für Kinder bis 6 Jahre ein Muss. *Oddevej 2A, 9990 Skagen, Tel. +45 98 44 21 08, www. skagensbamsemuseum, Juni-Aug tgl. 10-17, Mai/Sep Di-So 10-17, Okt-April Mi-So 11-15 Uhr, Erw. 40 DKK, Kinder 10 DKK.*

Tour 5: Djursland und Ebeltoft – hohe Masten, wilde Tiere

EBELTOFT • GRAVLEV • KOLIND • MOLS BJERGE

WO: *im Osten Jütlands* – **WIE:** *zu Fuß und mit dem Auto* – **DAUER:** *Tagesausflug* – **NICHT VERGESSEN:** *Badesachen, Wanderschuhe*

Auf der rund 50 mal 50 Kilometer messenden Halbinsel **DJURSLAND** im äußersten Osten Jütlands sind die Vorzüge ganz Dänemarks komprimiert versammelt: In der welligen, waldreichen Hügellandschaft liegen historische Schlösser und Herrensitze wie **SCHLOSS ROSENHOLM** in Hornslet *[Rosenholmvej 119, 8543 Hornslet, Tel. +45 86 99 40 10, www.rosenholmslot.dk, Mitte Juni-Mitte Aug tgl. 11-16, Erw. 75 DKK, Kinder bis 12 J. 25 DKK]* und **SCHLOSS CLAUSHOLM** bei Randers *[Clausholmvej 308, Voldum, Tel. +45 86 49 12 00, www.clausholmslot.dk, Juli-Mitte Aug Di-Do u. So 11-16, Schlosspark Mai-Sep tgl. 11-17 Uhr, Erw. Park/Schloss 50/95 DKK, Kinder unter 13 J. frei]* sowie große Bauernhöfe. Weil Djursland auf drei Seiten von Meer und flachen Badestränden umgeben ist, gehört die Region im Sommer zu den beliebtesten Familienreisezielen. Darum sollten Sie auch auf diese Tagestour unbedingt Badesachen mitnehmen – mehr als 10 Minuten ist ein Strand in der Regel nie entfernt. Weitere Familienmagneten sind das Kattegatcentret in der „Hauptstadt“

Die malerische Altstadt in Ebeltoft zieht Besucher an

Schöne Aussichten

Im 1923 eröffneten, typisch dänischen **LANDGASTHOF MOLSKROEN** sind Sie auch mit Kindern willkommen und können stilvoll und entspannt mit Blick auf die Bucht von Ebeltoft speisen. Der Molskroen liegt nur 6 Kilometer von Ebeltoft entfernt über die Landstraße 21 nach Norden, in Egsmark Strand biegen Sie auf den Kystvejen nach Femmøller ab. In diesem Restaurant, das eines der exklusivsten Dänemarks ist, können Sie nicht nur am Abend, sondern auch mittags einkehren. Ein leichtes Mittagessen, das auf Dänisch „frokost" heißt, kostet rund 140 DKK, Kindergerichte gibt es schon für etwa die Hälfte. *Hovedgaden 16, 8400 Ebeltoft, Femmøller Strand, Tel. +45 86 36 22 00, www.molskroen.dk, 12-23 Uhr.*

Grenå (s. S. 90) und der Freizeitpark Djurs Sommerland (s. S. 89).

Auf dem Glockenturm und im Gefängniskeller

Mehr als ein Klassiker ist **EBELTOFT**, der Startpunkt der Tour, mit seinem Fachwerkidyll. Mittelpunkt von Ebeltoft und Ausgangspunkt Ihrer kleinen Zeitreise ist das Alte Rathaus (Det Gamle Rådhus) am Juulsbakke 1 im Herzen der Altstadt. Das rote Fachwerkhaus mit dem kleinen Glockenturm wurde 1576 erbaut, gilt als Europas kleinstes Rathaus – und als Dänemarks beliebteste Kulisse für Hochzeitsfotos. Heute beherbergt das Haus das **EBELTOFT MUSEUM** mit der Wachstube der früheren Nachtwächter, dem alten Gerichtssaal und dem Gefängniskeller *[www.ebeltoftmuseum.dk, Juni-Aug Di-So 10-16, Sep-Mai Do-So 12-15 Uhr]*.

Zu Gast im Färberhof

Folgen Sie nun dem Juulsbakke, erreichen Sie nach wenigen Schritten die Adelgade. In Ebeltofts ältester kopfsteingepflasterter Gasse, die zusammen mit dem Nørrebakke die Haupteinkaufsstraße des Ortes mit kleinen Geschäften, Restaurants und Kunsthandwerkläden bildet, liegt eine weitere Sehenswürdigkeit: Der Alte Färberhof **(DEN GAMLE FARVERGÅRD)** war ab Ende des 18. Jahrhunderts bis 1920 die älteste Färberei Nordeuropas. In den fast original wiederhergestellten Arbeits-, Wohn- und Verkaufsräumen der Färber erhalten auch jüngere Kinder einen lebendigen Eindruck vom harten Alltag vor nicht einmal 100 Jahren *[Adelgade 15, 8400 Ebeltoft, Juni-Aug Di-So 10-16, KW 42 tgl. 10-16, KW 7 tgl. 12-15 Uhr, Eintritt frei]*. Durch Overgade und Nedergade erreichen Sie dann durch den Toldbodvej Ebeltofts frühere Lebensader, den geschützt in der Ebeltofter Bucht liegenden Hafen. Schon beim Gang dorthin sehen Sie die hohen Masten eines alten Segelschiffs. Überqueren Sie nun die Hauptverkehrsstraße Strandvejen und biegen in den S. A. Jensens Vej ein. Dort liegt nicht nur die **TOURISTENINFORMATION** von Ebeltoft *[S. A. Jensens Vej 2-4, 8400 Ebeltoft, Tel. +45 86 34 14 00,*

Die Fregatte Jylland im Hafen von Ebeltoft lädt zum Mitmachen ein

www.visitdjursland.com, Juli-Aug Mo-Fr 10-17/18, Sa/So 10-16, sonst Mo-Do 9-16.30, Fr 9-16, Sa 10-13 Uhr], sondern auch Djurslands größte maritime Attraktion.

Ran an die Schiffskanone!

Mit ihrer Länge von 61 Metern ist die **FREGATTE JYLLAND** das längste Holzschiff der Welt. Insgesamt 1.600 Eichen wurden für den Bau der 1862 vom Stapel gelaufenen Fregatte gefällt. Das Kriegsschiff hat auch eine deutsche Geschichte, weil es 1864 im Kampf um Helgoland eingesetzt wurde. Die Jylland ist ein Paradies für echte Seebären: Im Sommer lädt der hartgesottene Kommandant Rostrup jeden Tag um 11.30 und 14.30 Uhr (Nebensaison nur 11.30 Uhr) zum Mitmachen bei seiner fesselnden Kanonenshow ein, die die Seeschlacht vor Helgoland anno 1864 nachstellt. Im Mittelpunkt der 30-minütigen Vorführung steht die Kanone, bei deren Laden und Abfeuern die Zuschauer helfen dürfen – nein, müssen, wenn die Besatzung nicht „spurt". Ohrenbetäubender Höhepunkt ist das Abfeuern der Kanone, deren lauter Donner über der Ebeltofter Bucht widerhallt. Wer will, darf die Fregatte auch auf eigene Faust erkunden und sich zum Beispiel in die Hängekoje legen. Kinder können auch bei einer Schnitzeljagd mitmachen oder das Leben als kleine Matrosen ausprobieren. Die Alternative für Kleinkinder ist die Spielecke im bordeigenen **FREGAT CAFÉEN**, die standesgemäß ein Segel-Spielschiff im Miniaturformat ist *[S. A. Jensens Vej 4, 8400 Ebeltoft, Tel. +45 86 34 10 99, www.fregatten-jylland.dk, April-Juni/Sep-Okt tgl. 10-16, Juli-Aug tgl. 10-17/18, Feb-März/Nov-Dez tgl. 10-15 Uhr, Erw. 125 DKK, Kinder (4-12 J.) 80 DKK inkl. Kanonenshow]*.

Zerbrechliche Kunst

Nach so viel Action ist eine „Kunstpause" im nur 5 Gehminuten entfernten **GLASMUSEUM** am Strandvejen 8 sehr erholsam. Dänemarks einziges Glaskunstmuseum ist im einstigen Hafenzollamt zu Hause. Zusätzlich zu seiner eigenen Sammlung mit dänischem und internationalem Glasdesign zeigt das Museum Sonderausstellungen zu aktuellen Trends der Glaskunst. Kinder können den Glasbläsern in der Schauwerkstatt bei ihrer schweißtreibenden Arbeit zuschauen und auf Wunsch sogar etwas assistieren. Jeden Monat findet auch ein Malwettbewerb mit wechselnden Gewinnen statt *[www.glasmuseet.dk, Museum und Werkstatt Apr-Okt tgl. 10-17 Uhr, Jul-Aug tgl. 10-18 Uhr, Nov-März Mi-So 10-16 Uhr, Erw. 100 DKK, Kinder ab 6 J. 30 DKK]*. Eine kleine Strandpause gefällig? Besonders familienfreundlich, weil an der geschützten Ebeltofter Bucht gelegen, sind der Stadtstrand von Ebeltoft sowie der Egsmark Strand, nur 2 Kilometer nördlich der Stadt und über die Landstraße 21 zu erreichen. Dünen, weißen Sand und flaches Wasser besitzen aber auch Boeslum Strand und Kobberhage, die nur 3 Kilometer östlich von Ebeltoft via Boeslum am Kattegat liegen.

Tierische Erlebnisse

Weiter geht's zum **REE PARK** – Ebeltoft Safari im kleinen Gravlev, 13 Kilometer nordöstlich von Ebeltoft. Für den Weg dorthin folgen Sie zunächst der Landstraße 21 etwa 5 Kilometer nach Norden. Kurz hinter Egsmark biegen Sie nach rechts in den Ebeltoftvej ein, auf dem Sie nach 4 Kilometern Øksenmølle erreichen. In Tirstrup biegen sie rechts ein in den Møllebækvej bis zum 4 Kilometer entfernten kleinen Gravlev. Affen, Löwen, Geparden, Büffel, Adler – 800 Tiere aus 90 Tierarten von allen Kontinenten leben in diesem Zoo fast wie in ihrer natürlichen Umgebung. Besonders spannend sind die Fütterungen und die Falkenflugshows *[Stubbe Søvej 15, 8400 Ebeltoft, Tel. +45 86 33 61 50, www.reepark.dk, April-Ende Juni 10-16/17, Ende Juni-Mitte Aug 10-18/20, Mitte Aug-Okt 10-16/17, Erw. 175/185 DKK je nach Saison, Kinder (3-11 J.) 90/100 DKK je nach Saison]*. Nur 12 Kilometer liegen zwischen Afrika und Arktis: Im **SKANDINAVISK DYREPARK** im kleinen Pederstrup bei Kolind können Sie einen Streifzug durch Nordeuropa im Kleinformat unternehmen und die Tierwelt des Nordens in möglichst naturgetreuen Gehegen erforschen. Folgen Sie dem Møllebækvej zurück nach Tirstrup bis zur Landstraße 15. Dann rechts in den Århusvej, den Sie schon nach 700 Metern links in den Drammelstrupvej verlassen. Nun nur noch 3 Kilometer geradeaus via AMU-Centervej in den Nødagervej bis zum Skandinavischen Tierpark. Favorit vieler Eltern und Kinder ist die 26.000 Quadratmeter große Eisbärenanlage mit Tundra und einem Gletscher mit eigener Eismaschine. Fast ebenso viel

In Djursland sind gleich mehrere Tierparks zu finden

Platz wie ihre weißen Artgenossen haben die Braunbären: Auf 25.000 Quadratmetern dürfen sie sich im Wasser und an Land tummeln. Über das Gehege führt Sie eine Brücke, von der aus man stundenlang dem Spiel der Bären zusehen kann *[Nødagervej 67b, 8560 Kolind, Tel. +45 86 39 13 33, www.skandinaviskdyrepark.dk, Mitte April-Juni/2. Hälfte Aug/KW 42 tgl. 10-17, Juli-Mitte Aug tgl. 10-18, Sep-Mitte Okt Mo-Fr 10-16, Sa-So 10-17 Uhr, Erw. 180 DKK, Kinder (bis 11 J.) 95 DKK]*.

Unterwegs im Nationalpark
Jetzt heißt es raus in die Natur! Die Hügellandschaft der Mols Bjerge an der Ebeltofter Bucht gehört zu den bekanntesten Naturschönheiten Dänemarks. Die waldreiche Gegend ist von der Eiszeit geprägt und seit Kurzem einer von fünf Nationalparks im Land. Von Kolind aus erreichen Sie eines der schönsten Wandergebiete des Königreichs, wenn Sie zurück via Tirstrup und Ebeltoftvej rund 12 Kilometer bis Egsmark fahren. Dort nach rechts in den Kystvejen, der später in den Fuglsøvej übergeht, der Ebeltofter Bucht 8 Kilometer bis zum Strandkærvej folgen. Jetzt biegen Sie rechts ab und sind nach 500 Metern am Parkplatz des **MOLSLABORATORIET**. Das Naturschutzzentrum dient auch als Schullandheim für Gruppen, ist aber nicht öffentlich zugänglich *[Strandkærvej 6, 8400 Ebeltoft, Femmøller, Tel. +45 86 36 25 35, www.naturhistoriskmuseum.dk; weitere Wandervorschläge: www.visitmolsbjerge.dk]*. Am Zentrum beginnt eine leichte, nur 3 Kilometer lange, attraktive Familientour mit Aussicht über den mehr als 100 Jahre alten „Italienischen Weg" zum Ort Femmøller. Nach höchstens 90 Minuten endet so selbst für ungeübte Wanderer ein erlebnisreicher Tag.

Wenn Ebeltoft den Apfel feiert

Mitte Oktober dreht sich in Ebeltoft alles um das Wahrzeichen der Stadt: den Apfel. Mehr als 50.000 Zuschauer strömen jeden Herbst zum **EBELFESTIVAL**. Eine Woche lang darf man Äpfel in allen Formen und Farben kosten: Es gibt frisch gepflückte Äpfel, Apfelmost, Apfeltorten, Apfelbäume, mit Äpfeln geschmückte Schaufenster, süße Apfelkrapfen, Apfelschnaps für die Großen, Apfelessig, Apfelmenüs, Glasäpfel, Apfelgemälde, Vorträge zu Äpfeln, Apfelfilme, Apfellieder, Apfelläufe, Apfelspiele und vieles Apfeliges mehr. *www.ebelfestival.dk.*

Naturschutzzentrum Molslaboratoriet

Tour 6: Odense – die Stadt des Märchenmannes

INSEL FÜNEN • ODENSE • EXTRAS: NATURAMA SVENDBORG • SCHLOSS EGESKOV • FJORD & BÆLT IN KERTEMINDE

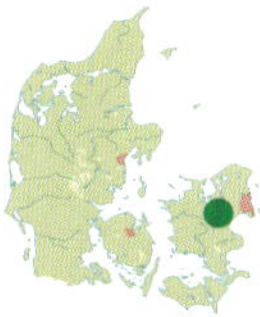

WO: *Insel Fünen –*
WIE: *Stadtspaziergang plus Bootstour, Auto oder öffentl. Verkehr zur An- und Abreise –*
DAUER: *Tagestour –*
BEACHTEN: *Von den Attraktionen Zoo oder Freilichtmuseum sollte man nur eine auswählen, sonst wird es für Kinder zu viel*

FÜNEN oder Fyn, wie die Dänen sagen, ist ein reiches Kulturland, übersät von Hinterlassenschaften der Geschichte. Dazu gehören 124 Schlösser und Herrensitze: Kein Landesteil in Dänemark und nur wenige in Europa können damit konkurrieren. Mittendrin liegt Dänemarks drittgrößte Stadt **ODENSE**, Geburtsort des berühmtesten Dänen aller Zeiten: Hans Christian Andersen. Die Stadt wird auf dieser Tour zu Fuß und mit dem Boot erkundet. Daneben ist von der Stadt ein tiefer ins Detail gehender Rundgang „In H. C. Andersens Fußspuren“ markiert. Mehr dazu im **I-BÜRO VISIT-ODENSE** *[Vestergade 2, 5000 Odense C, Tel. +45 63 75 75 20, www.visitodense.com, Mo-Fr 10-16.30, Sa 10-13, So 11-14 Uhr, im Juli/Aug länger]*.

H. C. Andersen: Denkmal vor dem Dom

Sparen beim Ausflug

Tageskarten (4 Personen 150 DKK/Tag) für den Tarifverbund Fünen erlauben es, von überall auf der Insel und sogar von Langeland aus mit dem Bus nach Odense zu fahren. Dort erhält man den City Pass für 169 DKK, der kostenlosen Zugang zu allen Museen gewährt und z. B. 50 Prozent Rabatt für den Odense Zoo. Infos unter *www.visitodense.com.*

Das Geburtshaus von Hans Christian Andersen

Museum ist allerdings wegen Umbaus von 2017 bis 2020 geschlossen. In dieser Zeit kann man stattdessen **ANDERSENS ELTERNHAUS** besuchen *[Munkemøllestræde 3-5, Jan-Jun & Sep-Dez Di-So 11-16 Uhr, Jul-Aug tgl. 10-17 Uhr, Erw. 30 DKK, Kinder bis 18 J. frei]* – ein kleines Fachwerkhaus, in dem der spätere Literaturstar eine ärmliche Jugend verbrachte. Originales gibt es hier kaum, aber Schautafeln erzählen von Andersens Kindheit und dem Leben der Armen in seiner Zeit.
Es empfiehlt sich nun, ein Stück dem offiziellen Stadtrundgang „In H. C. Andersens Fußspuren" zu folgen:

Fangen wir am Bahnhof an
Das Odense Banegård Center schwingt sich über die Gleise direkt am Bahnhof und macht den Weg frei zwischen City und **DANMARKS JERNBANEMUSEUM** *[Dannebrogsgade 24, 5000 Odense C, Tel. +45 66 13 66 30, www.jernbanemuseet.dk, tgl. 10-16 Uhr, Erw. 80 DKK, Kinder bis 18 J. frei]*. Originale und Modelle von Lokomotiven und Waggons zeigen die Entwicklung der dänischen Eisenbahn. Viele Exponate darf man betreten, anfassen und „bespielen". Außerdem gibt es Modelleisenbahnen und einen Minizug, der groß genug ist, Kinder zu transportieren.

Das Odense des H. C. Andersen
Nach gut 750 Metern im Zickzack durch Teile der Altstadt erreicht man das Geburtshaus von H. C. Andersen an der Hans Jensen Stræde, im damaligen Armenviertel. Der kleine Fachwerkbau ist inzwischen im **H. C. ANDERSEN HUS** *[Bangs Boder 29, 5000 Odense C, Tel. +45 65 51 46 01, www.museum.odense.dk, Di-So 10-16, Juni-Aug tgl. 9-18 Uhr, Erw. 60 DKK, bis 18 J. frei]* aufgegangen, das heute einen ganzen Block einnimmt. Das

Echter Kramladen

Vom H. C. Andersen Hus sind es nur wenige Gehminuten bis in die Nedergade. Der **KRAMBODEN** hat seine Wurzeln im 16. Jahrhundert und man fühlt sich wie im Museum, obwohl hier alles verkauft wird, was nicht niet- und nagelfest ist. Mit kleinen Kindern, vor deren Händen nichts sicher ist, kann der Besuch zum Horror werden – mit älteren aber ein Erlebnis, für das man vorher vereinbaren sollte, wie viel Geld maximal ausgegeben werden darf.
Nedergade 24, 5000 Odense C, Mo-Do 10-17.30, Fr 10-18, Sa 10-13 Uhr.

erst durch die verkehrsberuhigte Overgade, vorbei an der ehemaligen Armenschule in der Påskestræde, in die der kleine Hans Christian ging, bis zum Ufer der Odense Å. Folgt man dem Fluss nach Westen, erreicht man dort, wo er sich teilt, den idyllischen H. C. Andersen Haven. Hier sieht man die **SKT. KNUDS KIRKE** *[Klosterbakken 2, 5000 Odense C, tgl. 10-16, April-Okt bis 17 Uhr, gratis]* aufragen, Odenses gotischen Dom, mit einem Goldaltar voller spannender Figuren und den schauerlichen Gebeinen des heiligen Knud im Glassarg in der Krypta.

Im grünen Süden

Von hier gelangt man über Horsetorvet zur Klaregade, die wieder zur Odense Å hinunterführt. Folgen Sie ihr am südlichen Ufer flussaufwärts. Mitten im Fluss sehen Sie eine sehr spezielle Skulptur: Havhesten, das sagenhafte Meerpferd. An der nächsten Brücke sollten Sie das Ufer wechseln, denn auf der anderen Seite starten die Boote der Odense Aafart (s. Kasten S. 56). Die bringen Sie zum Zoo oder zum Freilichtmuseum Den Fynske Landsby. Der **ODENSE ZOO** *[Søndre Boulevard 306, 5000 Odense C, Tel. +45 66 11 13 60, tgl. mind. 10-16, nach Saison u. Wochentag auch bis max. 22 Uhr, Eintritt saisonabhängig:*

Theater im Minutentakt

Hinter dem H. C. Andersen Hus, im idyllischen Park Lotzes Have, „zappt" im Sommer das Ensemble der H. C. Andersen Parade auf einer kleinen Open-Air-Bühne in 24 Minuten durch 24 verschiedene Märchen. *Juli/1. Woche Aug Mo-Sa 11/13/15 Uhr, gratis.*
Weil oft viele Kinder kommen, entstand in der Nähe ein **KINDERKULTURZENTRUM**, benannt nach Andersens Märchen **FYRTØJET**. *„Das Feuerzeug", Møntergården, Møntestræde 1, 5000 Odense C*

Exotische Tiere gibt es im Zoo von Odense zu bestaunen

ab 12 J. 180 DKK, Kinder (3-11 J.) 100 DKK, „2 + 2"-Familie 500 DKK] entführt seine Besucher mit modern konzipierten Gehegen in fremde Welten. Ein bodenständiger Kontrast dazu ist **DEN FYNSKE LANDSBY** *[Sejerskovvej 20, 5260 Odense S, Tel. +45 65 51 46 01, www.museum.odense.dk, Apr-Mai & Sep-Okt Di-Fr 10-16, Sa-So 10-17 Uhr, Juni Di-So 10-17 Uhr, Jul-Aug tgl. 10-18 Uhr, Erw. 75-100 DKK je nach Saison]*. Häuser aus allen Teilen Fünens wurden zu einem typischen „fünischen Dorf" wiederaufgebaut. Dabei versucht man, die Zeit Mitte des 19. Jahrhunderts lebendig werden zu lassen.
Für den Rückweg in die Stadt kann man nun wählen zwischen dem Boot (Kasten unten) und der Stadtbuslinie 110/111, die vom Museum zum Ausgangspunkt der Tour am Hauptbahnhof fährt *[tgl. mind. 7-23 Uhr 1- bis 2-mal stdl., Erw. 24 DKK, Kinder 0-15 J. 12 DKK]*.
Damit wäre die Stadttour durch Odense am Ende angekommen. Aber darf man den Rest von Fünen ignorieren? Eigentlich nicht. Deshalb hier drei von vielen Attraktionen, die Sie zwar im Rahmen eines Ausflugs nach Odense besuchen könnten, die aber besser eigenständige Ziele eines Tagesausflugs wären:

Gourmetküche oder Kinderspaß

Am Rande von Den Fynske Landsby liegt der 200 Jahre alte **SORTEBRO KRO**, in dem moderne nordische Kochkunst gepflegt und auf heimische Produkte gesetzt wird. Einige Zutaten wie die Kräuter kommen aus den Museumsgärten. Die Küche zählt zu den besten im Lande – das hat seinen Preis: Menüs für Erwachsene ab drei Gänge ca. 500 DKK und noch 500 DKK für ein passendes Weinpaket dazu. *Tel. +45 66 13 28 26, www.sortebro.dk, tgl. ca. 12-24 Uhr.*
Da ist es ein paar Meter nördlich in der Filiale von **JENSEN'S BØFHUS**, die eher ein Ausflugslokal als ein Kettenrestaurant ist, deutlich preiswerter und garantiert kindgerechter. *Læssøegade 215, 5230 Odense M, Tel. +45 66 11 20 22, tgl. mind. 11.30-21.30 Uhr,* *zum Konzept s. S. 34.*

Kleiner Fluss, nostalgische Boote

Die Odense Å ist wahrlich kein Strom, aber groß genug für nostalgische **AUSFLUGSBOOTE** der Odense Aafart. Sie pendeln zwischen einem citynahen Anleger am Filosofgangen und Auenwald Fuens Bøge. Von dort führt ein knapp ein Kilometer langer Weg durchs Grüne zu Den Fynske Landsby. Unterwegs hält das Boot am Zoo – Unterbrechungen der Fahrt sind erlaubt.
Tel. +45 66 10 70 80, www.aafart.dk, Mai-Aug 10-18 Uhr jede volle Std., Erw. einf. 90 DKK, Kinder (3-11 J.) 60 DKK.

Das Wasserschloss Egeskov zählt zu den schönsten Europas

Naturama Svendborg
In diesem Naturcenter werden auf drei Ebenen spannend und unterhaltsam Tierwelten aus Dänemark und Nordeuropa gezeigt: Kleine Kinder bewundern ausgestopfte Bären, Elche, Bisons und Robben, ältere vergnügen sich an interaktiven Bildschirmen und Eltern staunen über ökologische Zusammenhänge. **NATURAMA SVENDBORG** *[Dronningemaen 30, 5700 Svendborg, Tel. +45 62 21 06 50, www.naturama.dk, Di-So 10-16, Ferien/Feiertage auch Mo 10-17 Uhr, Dez-Anf. Feb geschl., Erw. 110 DKK, bis 18 J. frei]*.

Schloss Egeskov
Zu Europas schönsten Wasserschlössern aus der Renaissance zählt das auf halbem Wege zwischen Svendborg und Odense liegende **EGESKOV** *[Egeskov Gade 18, 5772 Kværndrup, Tel. +45 62 27 10 16, www.egeskov.dk, Mai-Ende Okt tgl. 10-17, Juni-Aug auch bis 18/19 Uhr, im Juli spezielle Events mit Shows und Konzerten bis 23 Uhr, Park und Museen Erw. 190 DKK, Kinder (4-2 J.) 110 DKK, inkl. Schloss 220/130 DKK]*.
Rund um das in großen Teilen zu besichtigende Schloss ist ein „adeliger" Freizeitpark entstanden – mit Sammlungen von Kutschen, Autos und Flugzeugen in den Wirtschaftsgebäuden, einem Renaissancegarten, einem Tree Top Walking in 15 Meter Höhe und einem übergroßen Spielplatz – genug zu sehen für einen ganzen Tag.

Fjord & Bælt in Kerteminde
Im schmucken Hafenstädtchen Kerteminde hat sich das offene **MEERESFORSCHUNGSZENTRUM FJORD & BÆLT** *[Margrethes Plads, 5300 Kerteminde, Tel. +45 65 32 42 00, www.fjordbaelt.dk, Feb-Okt, je nach Saison tgl. 10-16/17 Uhr, alle ab 12 J. je nach Saison 110-140 DKK, Kinder (3-11 J.) 55-70 DKK]* auf die Meeresfauna der dänischen Fjorde und Sunde von Jütlands Ostküste bis zum Øresund spezialisiert. In einem Becken leben delphingroße Schweinswale. Die in unseren Breiten häufigsten Wale galten lange als zu dumm, um trainiert zu werden. Fjord & Bælt beweist jeden Tag 2- bis 3-mal vor Publikum das Gegenteil und hat einen beträchtlichen Anteil am Umdenken in Dänemark hin zu einem aktiven Schutz dieser Tiere, die oft ungewollt in Fischernetzen zu Tode kommen.

Tour 7: Nordseeland – Könige und Kunst

HILLERØD (FREDERIKSBORG SLOT) • FREDENSBORG SLOT • HUMLEBÆK (LOUISIANA) • HELSINGØR

WO: *nördlich von Kopenhagen* – **WIE:** *Auto, optional öffentliche Verkehrsmittel (s. Kasten)* – **DAUER:** *Tagestour* – **NICHT VERGESSEN:** *Wetter Badezeug, hei der Teilnahme an nation im Louisiana n darf*

N ı ist Kopenhagens grüner Vo oeeinflusst von der Nähe zur H stadt, aber doch auch selbstbewusst und eigenständig. Die Tour verbindet ein historisches Museum mit einem neuen Nationalpark, einer Königsresidenz, einem Museum für moderne Kunst und einer quirligen Hafenstadt – wo da die Kinder bleiben? Die Tour ist zwar nicht speziell auf sie zugeschnitten, aber zu kurz kommen sie auf keinen Fall!

Hillerød – Shops und Schloss

Die 30.000-Einwohner-Stadt **HILLERØD** ist ein Einkaufs- und Verwaltungszentrum mit hoher Wirtschaftskraft. Die Fußgängerzone Slotsgade quer durch die Innenstadt und die daran angebundene Edel-Shopping-Mall **SLOTSARKADERNE** *[Slotsarkaderne 225, 3400 Hillerød, Mo-Fr 10-19, Sa 10-16, jeden 1. So im Monat 11-16 Uhr]* können sich in Sachen Auswahl und Qualität der Geschäfte gegen die Konkurrenz in Kopenhagen gut behaupten und ein Einkaufsbummel mit Kindern ist hier allemal entspannter. Dazu kommt das Aha-Erlebnis, wenn sich die Fußgängerzone

Schloss Frederiksborg ist umgeben von Seen und Gärten

plötzlich zum Torvet öffnet und der Blick nach Norden über den Slotsø auf das prachtvolle **FREDERIKSBORG SLOT** fällt. Vom Torvet tuckert die **MINIFÄHRE M/F FREDERIKSBORG** *[Mitte Mai-Mitte Sep Mo-Sa 11-17, So 13-17 Uhr, Kinder (0-12 J.) 10 DKK, alle ab 13 J. 30 DKK]* zum Schloss und seinem Barockgarten hinüber. Nach einem Großbrand und anschließender Renovierung wurde das Schloss 1878 zum nationalhistorischen Museum Dänemarks, **DET NATIONALHISTORISKE MUSEUM** *[Frederiksborg Slot, 3400 Hillerød, Tel. +45 48 26 04 39, www.dnm.dk, April-Okt tgl. 10-17, sonst tgl. 11-15 Uhr, Erw. 75 DKK, Kinder (6-15 J.) 20 DKK, 2 + 3-Familien 150 DKK]*.

Mit Bus und Bahn auf Tour

Dank des guten Nahverkehrs und eines praktischen 24-Stunden-Tickets (Erw. 130 DKK, Kinder (0-15 J.) 65 DKK), das sogar bis nach Kopenhagen hinein gültig ist, kann man diese Tour auch mit Bussen und Bahnen machen. In Hillerød treffen die Kopenhagener S-Bahn und drei Regionalbahnen zusammen, darunter Lille Nord via Fredensborg nach Helsingør (tgl. 6-24 Uhr, 1- bis 2-mal stdl.). Zwischen Fredensborg und Humlebæk (Louisiana) verkehren Busse, zwischen Humlebæk und Helsingør Züge der Kystbanen (rund um die Uhr bis zu 6-mal stdl.).

Prunkvoll: die Schlosskirche

Ein königlicher Audienzsaal von 1688, ein Rittersaal und die Schlosskirche zeigen ihre originale Pracht. Sonst vermitteln Tausende Exponate Geschichte und Kultur Dänemarks bis zur Gegenwart. Das Museum ist nur spärlich mit elektrischem Licht ausgestattet; an dunklen, grauen Tagen bekommen Besucher sogar Taschenlampen mit auf den Rundgang! Auch wenn das Museum als Sehenswürdigkeit offiziell mit der Höchstzahl von fünf Sternen bewertet ist, muss man ohne engen Bezug zu Kultur und Geschichte Dänemarks das Innere des Schlosses nicht zwingend gesehen haben. Die Parks und die Ansicht des imposanten Baus von außen lohnen aber auf jeden Fall den Besuch in Hillerød. Ein Prunkstück der Grünanlagen ist der Mitte der 1990er-Jahre rekonstruierte barocke Schlossgarten **BAROKHAVN** *[tgl. je nach Jahreszeit ab 10 bis max. 21 Uhr, gratis]* mit seinen Wasserkaskaden über dem Nordufer

Schloss Fredensborg ist eine der Lieblingsresidenzen der königlichen Familie

des Slotsø. Auch er wird von der Minifähre ab Torvet angelaufen.

Das Nordseeland der Könige

Die Bedeutung Nordseelands als außergewöhnliche Natur- und Kulturlandschaft unterstrich die Regierung, als sie 2008 Kongernes Nordsjælland, das Nordseeland der Könige, unter Hinweis auf die königlichen Bauten der Region zu einem dänischen Nationalpark bestimmte. Noch wird ihm der letzte Schliff verliehen, aber spätestens Mitte 2018 soll er offiziell eröffnet werden. Den Kern bilden nördlich von Hillerød die uralten Wälder von Gribskov – mit über 5.600 Hektar Fläche der zweitgrößte Wald Dänemarks – und der im Osten anschließende Esrum Sø. Für Wanderer und Radfahrer sind in diesem Gebiet Wege markiert, und mit der Gribskovbanen kommt man ab Hillerød schnell und umweltschonend mitten ins Grüne. Die umliegenden i-Büros halten Vorschläge für Ausflüge bereit. Von Schlosstor zu Schlosstor sind es nur 8,5 Kilometer zum nächsten Ziel: Über dem Südufer des Esrum Sø inmitten eines 1,2 Quadratkilometer großen Parks liegt die schönste Barockanlage Dänemarks, **FREDENSBORG SLOT** *[Slottet 1B, 3480 Fredensborg, Tel. +45 33 40 31 87, Führungen Innenräume + Schlosskirche oder private Gärten + Orangerie im Juli tgl. ca. 13-16.30, Erw. je 80 DKK, Kinder (4-17 J.) je 40 DKK, Gärten ohne Führung Juli 9-17 Uhr gratis]*. Die „Friedensburg" ist eine der Lieblingsresidenzen der königlichen Familie, vor allem im Frühjahr und Herbst nutzt sie das Schloss zum Wohnen, aber auch für Familienfeste und Staatsempfänge. Im Juli darf das Volk Innenräume und private Gärten besichtigen. Weilt die Königin im Schloss, findet um 12 Uhr eine große Wachablösung statt. Immer frei zugänglich sind die großen Parkanlagen zwischen Schloss und See – hier kann man über breite Alleen vorbei an unzähligen Amphoren und Skulpturen stundenlang spazieren gehen oder joggen. Ein Faltblatt mit Plan und Vorschlägen für Rundgänge gibt es im i-Büro am Parkplatz vor dem Schloss. 2,5 Kilometer lang wäre eine empfehlenswerte Tour um das Schloss herum, an den 70 lebensgroßen Stein-

Kinder und Kunst

Die Kinderabteilung des Museums Louisiana, das **BØRNEHUS**, bietet Di-So von 11 bis 17.30 Uhr eine spezielle Kinderanimation an, betreut von Museumspädagogen. Darüber hinaus ist der Park des Louisiana ein Platz, den Kinder immer mögen, besonders den langen Grashang vor der Bronzeplastik von Henry Moore, über den man so schön hinunterrollen kann. Und für warme Tage gibt's „zu Füßen" des Louisiana – aber außerhalb des Geländes – einen kleinen Strand für ein schnelles Bad.

figuren im Nordmandsdalen vorbei, die Bauern und Fischer aus den einst dänischen Kolonien Norwegen und Färöer zeigen, bis hinunter zum Ausflugslokal Skipperhuset am Esrom Sø und wieder hinauf zum i-Büro.

Ingenieur von morgen in Danmarks Tekniske Museum

Louisiana

11 Kilometer Richtung Osten sind es auf gut ausgeschilderten Nebenstraßen vom Schloss Fredensborg bis in den Küstenort **HUMLEBÆK**. Dort gehört das **MUSEUM FOR MODERNE KUNST LOUISIANA** *[Gammel Strandvej 13, 3050 Humlebæk, Tel. +45 49 19 07 19, www.louisiana.dk, Di-Fr 11-22, Sa/So 11-18 Uhr, Erw. 125 DKK, alle bis 18 J. frei]* zur ersten Liga der Museen für moderne Kunst weltweit. Das Louisiana besitzt Werke aller wichtigen Künstler ab Mitte des 20. Jahrhunderts. Berühmt sind seine Sammlungen mit Werken des Schweizer Bildhauers Alberto Giacometti oder der Pop-Art-Künstler Lichtenstein, Warhol und Oldenburg. Es ist aber nicht die Kunst allein, die es so anziehend macht. Sitzen Sie einmal an einem lauen Abend, wenn das Louisiana bis 22 Uhr geöffnet ist, auf der Terrasse vor dem Museumscafé und genießen Sie die Abendstimmung bei einem Glas Wein und Häppchen vom dänischen Buffet (Erw. ca. 140 DKK, Kinder ca. 70 DKK) zwischen den Skulpturen von Moore, Calder & Co auf der einen und dem Øresund mit seinen Schiffen auf der anderen Seite – an kaum einem anderen Ort ist die Aussicht so schön!

Danmarks Tekniske Museum

Gut 8 Kilometer nördlich von Humlebæk – den größten Teil der Strecke fährt man mit bester Sicht direkt am Øresund entlang – wird es dann besonders für größere Kinder spannend: Am Südrand von Helsingør zeigt **DANMARKS TEKNISKE MUSEUM** *[Fabrikvej 25, 3000 Helsingør, Tel. +45 49 22 26 11, www.tekniskmuseum.dk, Feb-Okt Di-So 10-17, Nov-Jan Di-So 10-16 Uhr, in den dän. Schulferien auch Mo, Erw. 90 DKK, alle bis 18 J. frei; Busse 802 ab/bis Bhf.]* neben der Geschichte und Entwicklung von Wissenschaft und Technologie in seiner Verkehrshalle auch viele Oldtimer der Straße, der Schiene und der Lüfte. Besonders würdigen die Dänen ihren Star-Tüftler Jacob Ellehammer: 1906 gelang ihm Europas erster Motorflug und 1912 hob er bereits mit einem Ur-Helikopter ab.

Holger Danske schläft in Kronborg

Eben mal nach Schweden

Drei Fährlinien pendeln zwischen dem dänischen Helsingør und dem schwedischen Helsingborg (Infos zur schwedischen Nachbarstadt auch beim i-Büro in Helsingør). Preiswerte Tagesrückfahrkarten gibt es an den Fährschaltern aller Linien direkt am Hafen (Erw. 74 DKK, Kinder (4-11 J.) 54 DKK, Pkw mit max. 9 Personen ab 380 DKK): ScandLines (www.scandlines.dk) rund um die Uhr alle 20 Min., HHFerries (www.hhferries.dk) ca. alle 30 Min. und ACE-Link (www.acelink.dk, nur Personen) ca. 7-20 Uhr 1- bis 2-mal stdl.

Helsingør

Nun muss man sich nur noch von der Ausschilderung zum Hafen leiten lassen. Trotz der Brücke über den Øresund ist **HELSINGØR** ein Gateway zwischen Dänemark und Schweden geblieben. Rund um die Uhr pendeln Fähren über die hier nur etwas mehr als 4 Kilometer breite Meerenge, 20 Minuten dauert die Überfahrt. Und weil alles, was durch die Kehle rinnt, in Dänemark günstiger ist als in Schweden, gehören Einkäufer von drüben mit umgerüsteten Gehwägelchen oder kleinen Sackkarren, auf die sie ihre meist aus Bierkisten oder anderen Flaschen bestehenden Einkäufe schnallen, zum Straßenbild – auch die Kneipen sind dank Spiritus-Tourismus gut besucht. Aber davon darf man sich nicht abschrecken lassen: Helsingør ist eine schöne, uralte Stadt und für Kinder, vor allem wenn sie im Binnenland leben, gibt es am Hafen immer etwas zu bestaunen. Und was spricht eigentlich gegen eine Spritztour zur anderen Seite des Øresund hinüber nach Schweden (s. Kasten S. 62)?

Kronborg Slot

Von den Fähren aus hat man einen ausgezeichneten Blick auf eines der markantesten Renaissanceschlösser Europas: **KRONBORG SLOT** *[Kronborg 2 C, 3000 Helsingør, Tel. +45 49 21 30 78, www.kronborg.dk, Di-So 11-16, April-Okt tgl. 10/11-16/17.30 Uhr, Erw. 140 DKK, bis 18 J. frei]*. Das imposante Gebäude ist UNESCO-Weltkulturerbe und wurde durch Shakespeare als Hamlet-Schloss literarisch unsterblich gemacht. Mächtig ragt es in den Øresund hinein, dafür gebaut, die Meerenge zu bewachen und der dänischen Forderung nach Sundzoll Nachdruck zu verleihen, den von 1425 bis 1857 jedes Schiff für die Durchfahrt zahlen musste. Innen imponieren reich ausgestattete königliche Gemächer und ein riesiger Rittersaal. Einen Flügel nutzt das **HANDELS- OG SØFARTSMUSEET** *[Tel. +45 49 21 06 85, www.mfs.dk, Zeiten wie Schloss, Erw. 110 DKK, alle bis 18 J. frei, Familienticket 200 DKK; günstige Kombitickets mit Schloss]*. Für Kinder dürften die Kasematten unter dem Schloss spannender sein. Dort schlummert der sagenumwobene Holger Danske, ein gewaltiger Krieger, der der Legende nach aufwacht, sollte Dänemark einmal in Not geraten – eine wichtige Figur für die nationale Identität der Dänen.

Nicht nur wegen „Hamlet" einen Besuch wert: das Kronborg Slot

Tour 8: Das alte und das neue Kopenhagen

KOPENHAGEN • TIVOLI • RATHAUS • STRØGET • UNI-VIERTEL • CHRISTIANSHAVN • NATIONALMUSEUM • STATENS MUSEUM FOR KUNST

WO: *im Zentrum von Kopenhagen* – **WIE:** *zu Fuß und mit dem Boot, Abstecher ins Museum mit der S-Bahn* – **DAUER:** *Tagestour* – **NICHT VERGESSEN:** *Fotoapparat, Picknick-Paket*

Es ist schwierig, in Kopenhagens Zentrum einen Parkplatz zu ergattern. Versuchen Sie es in der Vester Volgade unweit des Rathausplatzes, gleich um die Ecke in der Nørre Voldgade oder am Israels Plads bei der S-Bahn- und Metro-Station Nørreport. Sicherer sind zwei Möglichkeiten: Entweder Sie lassen das Auto am Stadtrand stehen und nutzen die sehr guten S-Bahn-Verbindungen, um ins Zentrum zu gelangen. Oder Sie stellen Ihren Wagen in eines der Parkhäuser z. B. im Industrienshus am H. C. Andersens Boulevard 18 (hier ist's am teuersten) oder in der Nyropsgade (5 Minuten vom Rathausplatz). Generell gilt: rote Zone (= Innenstadt) 13-35 DKK/Std., grüne Zone 13-19 DKK/Std.,

Der Vergnügungspark Tivoli mitten im Stadtzentrum von Kopenhagen

Essen im Riz Raz

Das **RIZ RAZ** ist bei Kopenhagenern sehr beliebt – da lecker und bezahlbar. Die Küche ist mediterran, bietet viel Vegetarisches, aber auch Lamm-, Rind- und Schweinefleisch. Mittags und ab 16 Uhr gibt es ein Mittelmeer-Buffet für 89 bzw. 99 DKK, Kinder bis einschließlich 11 J. zahlen 49 DKK.
Store Kannikestræde 19, 1169 Kopenhagen, Tel. +45 33 32 33 45 (schöner Garten, in dem im Sommer gegrillt wird) und Kompagnistræde 20, 1208 Kopenhagen, Tel. +45 33 15 05 75, www.rizraz.dk, beide tgl. 11.30-24 Uhr.

blaue Zone 11-13 DKK/Std. Neben dem Hauptbahnhof befindet sich die **TOURISTENINFORMATION.** *[Vesterbrogade 4B, 1620 Kopenhagen, Tel. +45 70 22 24 42, www.visitcopenhagen.com]*. Hier bekommen Sie einen kostenlosen Plan der Altstadt, der nicht wirklich detailliert, aber für Tagesausflügler allemal ausreichend ist. Sie erkennen auf einen Blick: Lange Wege gibt es im nicht einmal 4 Quadratkilometer umfassenden Zentrum nicht, doch im kompakten Areal ballt sich viel zu viel Sehenswertes für einen Tag.

Ein Park zum Vergnügen

Schon nach den ersten Metern werden Sie es schwer haben, Ihre Kinder zum Weitergehen zu bewegen. Denn gleich gegenüber vom Bahnhof liegt der **TIVOLI** *[Vesterbrogade 3, 1630 Kopenhagen, www.tivoli.dk, Mitte April-Mitte Sep So-Do 11-23, Fr-Sa 11-24 Uhr, Mitte Juni-Ende Aug So-Do bis 24, Sa bis 0.30 Uhr. Weihnachtssaison: Mitte Nov-Ende Dez Mo-Do, So 11-22, Fr, Sa 11-23 Uhr. Ab 8 J. 120 DKK, 3-7 J. 50 DKK]*. 1843 begannen sich in diesem Vergnügungspark die ersten Karussells zu drehen. Neben den nostalgischen Oldies stehen heute hochmoderne Loops und Scooter. 30.000 Menschen sollen das Tivoli täglich besuchen; dass diese Menge sich verläuft, liegt vor allem daran, dass die Planer neben dem Vergnügen auch den Park nicht zu kurz kommen ließen. Viele alte Bäume und Hunderttausende Blumen wachsen zwischen den Spaß-Stationen, Bänke laden zum Ausruhen und Picknicken ein. Wer keine Snacks zum Auspacken dabeihat, kann in einem der 28 Restaurants Platz nehmen. Sie ahnen es schon: Im Tivoli kann man gut und gerne den ganzen Tag verbringen. Vielleicht lassen Sie aber auch die Stadtexkursion in diesem Park ausklingen: Abends wird es hier mit 11.000 Lichtern richtig feierlich.

Überblick am Drachenbrunnen

Vorbei am Tivoli geht es über den Andersens Boulevard zum Rathausplatz, auf dem ein Stier gegen einen Drachen kämpft. Beide sind zu Stein erstarrt und zieren den 1904 aufgestellten Drachenbrunnen. Im **RATHAUS** *[Rådhuspladsen 1, 1550 Kopenhagen, Tel. +45 33 66 25 86, Turmführung Mo-Fr 11/14 Uhr, Sa 12 Uhr, Einheitspreis 30 DKK]* befindet sich eine Weltuhr mit zwölf Uhrwerken, deren Konstruktion 27 Jahre gedauert haben soll. Seit 1955 zeigt das Meisterwerk an, was die Stunde in verschiedenen Zeitzonen geschlagen hat. Wer gleich zu Beginn den Überblick behalten möchte, klettert 106 Meter und 300 Stufen bis zur Spitze des Rathausturms hinauf: Die Aussicht ist fantastisch. Wieder auf dem Boden geht es weiter über die Vester Voldgade auf den „Strich", den Strøget, die berühmteste Einkaufsmeile Dänemarks. Sie können sich zügig die Fußgängerstraße entlang bis zum Amagertorv bewegen, denn an diesem Platz wird's erst richtig interessant. Sie können aber auch links in eine der kleinen Seitenstraßen Richtung Uni-Viertel abbiegen. Rund um die Uni finden sich viele kleine Läden mit farbenfrohem Dansk Design zum Tragen, Benutzen und Hinstellen. Besonders sehenswert ist der Gråbrødretorv – hier stand einst das erste Kloster der Stadt –, der mit seinen bunten Häusern, zahlreichen Restaurants und einer alten Platane südländisches Flair ausstrahlt. Ab Nummer 30 der Nørregade sollten Sie Ihre Kinder bitten,

Drache am Kopenhagener Rathaus

Vier Museen – viermal Spaß, Spiel und Action

Weltrekorde, Gruselspaß, Märchen und groteske Szenen im Quartett: Als „De 4 Topattraktioner" für Familien präsentieren sich **GUINNESS WORLD OF RECORDS MUSEUM** und **THE MYSTIC EXPLORATORIUM AN STRØGET** sowie **RIPLEY'S BELIEVE IT OR NOT** und **H. C. ANDERSEN EVENTYRHUSET** am Rathaus. Spannende Erlebnisse versprechen all diese Attraktionen, doch extrem kurios geht's bei Ripley's zu: Gezeigt wird u. a. eine Kuh mit acht Beinen, Menschen, die Schlösser in der Nase tragen, oder das Taj Mahal, bestehend aus 300.000 Streichhölzern. Mystisch und gruselig wird's im Exploratorium: Tauschen Sie doch einfach mal Ihren Kopf mit dem Ihres Kindes! Oder bewundern Sie den Mut und die Geschichten, die das Guinness-Buch zu erzählen hat.
Mehr Infos und Preise zu den vier Attraktionen unter www.ripleys.com/copenhagen.

ihrer Nase zu folgen. Im Hinterhof der Nr. 36 residiert nämlich eine echte Bonbonfabrik, noch dazu königlicher Hoflieferant. Bei **SØMODS-BOLCHER** *[Nørregade 36, 1165 Kopenhagen, Mo-Fr 9.15-19, Sa 10-18, So 11.15-18 Uhr, Eintrittt frei]* wurde bereits vor über 100 Jahren Süßes per Hand

Auf dem Amagertorv haben Bauern im Mittelalter ihre Waren verkauft

hergestellt. Gerade für Kinder toll: Sie können mit eigenen Augen verfolgen, wie aus bunter Masse süße Bonbons werden, und diese nach Fertigstellung selbstverständlich auch kaufen.

Im Schneckengang

Wer jetzt eine erste Pause braucht, überquert die Nørre Voldgate und steht in Ørstedsparken. In diesem romantischen alten Grün finden Sie ein schönes Café zum Draußensitzen (geöffnet nur während der Sommermonate). Nachdem Sie sich gestärkt haben, folgen Sie dem Weg, bis Sie einen Spielplatz erreichen. Auf den ersten Blick wirkt der Platz eher prosaisch, da ein großer Teil asphaltiert ist. Das hat aber seinen guten Grund, denn über den Asphalt lässt es sich wunderbar mit roten Rollern und Bobby-Cars düsen (von 9.30 bis 17 Uhr kostenlos auszuleihen). Nach der Park-Pause orientieren Sie sich Richtung Nørreport und spazieren über die Købmagergade Richtung **AMAGERTORV**. Wenn Sie Lust haben, einen zweiten Blick über Kopenhagens alte Dächer zu werfen, können Sie das auf dem Runden Turm **RUNDETAARN** tun *[Købmagergade 52A, 1150 Kopenhagen, Tel. +45 33 73 03 73, www.rundetaarn.dk, Mai–Sep tgl 10–20, Okt–April Di–Mi 10–21, Do–Mo 10–18 Uhr, Erw. 25 DKK, Kinder (5–15 J.) 5 DKK]*. Der Turm beherbergt das astronomische Observatorium und einen Schneckengang, der sich siebeneinhalb Mal um einen Hohlraum windet, um nach 209 Metern an einer Aussichtsplattform in 35 Meter Höhe zu enden.

Kopenhagens Kanäle

Die Købmagergade endet am Amagertorv. Hier lohnt ein Besuch des Design-Tempels „Illum Bolighus". Nicht weit entfernt ragt eine vierstöckige Konsum-Kathedrale mit ähnlichem Namen in den Himmel. Das „Illum" ist das prachtvollste Kaufhaus der Stadt. Auf seiner Dachterrasse

Die verliebte Meerjungfrau

Wenn Sie mit dem Boot an der Kleinen Meerjungfrau vorbeifahren, erzählen Sie Ihren Kindern doch das dazugehörige Märchen von Hans Christian Andersen. Es handelt von der Liebe einer 15-jährigen Meeresprinzessin zu einem Prinzen – und von ihrer Sehnsucht nach einer unsterblichen Seele. Um die Liebe des Prinzen zu gewinnen, hat die Meerjungfrau der Meerhexe ihre betörende Stimme gegeben und Beine statt ihres Fischschwanzes bekommen.

lässt es sich im „Rooftop" vorzüglich und nicht zu kostspielig speisen. Gestärkt geht es weiter in südlicher Richtung zum Gammel Strand. Hier legen die kleinen **KANALFÄHREN** ab *[DFDS Canal Tours, Tel. +45 33 11 31 05, www.stromma.dk, Abfahrt ab Gammel Strand alle 1/2 Std. tgl., Mitte März-Ende Juni 9.30-18, Ende Juni-Mitte Aug 9.30-21, Mitte Aug-Ende Okt 9.30-17, Ende Okt-Mitte März 9.30-15 Uhr, Fahrtdauer 1 Std., Erw. 80 DKK, Kinder (6–15 J.) 60 DKK. Kanal-Touren starten auch im schönen Nyhavn]*. Sie führt vorbei an der Kleinen Meerjungfrau (s. Kasten), an alten Gebäuden und Kirchen sowie neuesten architektonischen Highlights und umkurvt auch Christianshavn. In diesem Stadtteil liegt die „Freistadt" Christiania. Was 1971 mit der Besetzung ganzer Gebäudezüge begann, entwickelte sich zum basisdemokratischen Projekt alternativer Lebenskultur und wurde zum 20. Geburtstag staatlich anerkannt.

Museum zum Anfassen
Wenn Ihre Fähre am Gammel Strand anlegt, können Sie rund um den Strøget zurück zum Tivoli spazieren und dort die Tour furios für Ihre Kinder enden lassen. Wenn Sie die Bootstour allerdings früh gemacht und erst danach zu Mittag gegessen haben, ist noch Zeit, einen Museumsbesuch anzuschließen. Für diesen Zweck haben wir zwei erstklassige Vorschläge, die sich auch mit Kindern sehr gut machen lassen. Das **NATIONALMUSEUM** *[Ny Vestergade 10, 1471 Kopenhagen, Tel. +45 33 13 44 11, www.natmus.dk, Di-So 10-17 Uhr, Erw. 75 DKK, Erw + Kind 60 DKK,*

Kunst für alle

Statens Museum for Kunst hat auch für seine kleinen Gäste ein großes Angebot. Kinder können verschiedenste künstlerische Techniken selbst ausprobieren oder sogar Kindergeburtstag feiern. Mit im Angebot sind auch spezielle Führungen für Kinder. An jedem Sonntag um 13 Uhr werden sie von Fachkräften im Kindermuseum begleitet. Während die Kleinen durch die Galerie spazieren, haben Eltern die seltene Gelegenheit, sich in aller Ruhe der beeindruckenden Sammlung zu widmen.

Junge Besucherin im Statens Museum

bis 18 J. frei] befindet sich nur wenige Schritte von der Anlegestelle entfernt. Gehen Sie die Nybrogade und anschließend die Stormgade hinunter, schon stehen Sie vor einem riesigen Museumskomplex. Im Nationalmuseum entdecken Sie unvorstellbare 14.000 Jahre dänische Frühgeschichte: Wie haben die Rentierhalter in der Eiszeit gelebt? Wie die Wikinger? Die sehr anschaulich aufbereitete Ausstellung beantwortet diese und andere Fragen. Um die Lust an der (Früh-)Geschichte auch bei jungen Besuchern zu wecken, wurde im Nationalmuseum ein spezielles Kindermuseum eingerichtet (schließt schon um 16.30 Uhr). Alle hier befindlichen Exponate, meist Nachbildungen aus der Sammlung, dürfen angefasst und ausprobiert werden!

Kinder im Atelier

Wer an zeitgenössischer Kunst interessiert ist, sollte sich aufmachen ins **STATENS MUSEUM FOR KUNST**, das größte Kunstmuseum Dänemarks *[Sølvgade 48-50, 1307 Kopenhagen, Tel. +45 33 74 84 94, smk@smk.dk, www.smk.dk. Di-So 10-17, Mi 10-20 Uhr, Erw. 110 DKK, Erw. + Kind 90 DKK, unter 30 J. 85 DKK, bis 18 J. frei]*. Sie sollten sich hierfür mindestens einen halben Tag freihalten, da das Museum viel zu bieten hat und an den meisten Tagen bereits um 17 Uhr schließt. Die **NATIONALGALERIE** liegt im nördlichen Teil des Zentrums von Kopenhagen. Sie können das Museum leicht mit der S-Bahn oder der Metro erreichen *[S-Bahn-Station Østerport oder Nørreport, Metro-Station Nørreport oder Kongens Nytorv]*. Es werden nordische und europäische Meister vom 14. Jahrhundert bis zur Gegenwart gezeigt. Vertreten sind unter anderem Werke des Fünen-Malers Peter Hansen sowie von Lucas Cranach dem Älteren und Picasso. Gemeinsam Spaß haben Eltern und Kinder im wunderschön angelegten **BOTANISK HAVE** *[Øster Farimagsgade 2C, 1353 Kopenhagen, April-Sep tgl. 8.30-18, sonst tgl. 8.30-16 Uhr]*, der nur einen Katzensprung vom Museum entfernt liegt. Beim Schlendern durch den Park lässt sich eine vielfältige Flora entdecken. Im Nordwesten des botanischen Gartens kann das **PALMENHAUS** aus Glas besucht werden *[April-Sep tgl. 10-17, Okt-März Di-So 10-15 Uhr]*. Wer Hunger hat, lässt sich zum Picknick nieder oder erholt sich im schicken Museumscafé Depanneur mit Blick ins Grüne.

Tour 9: Møn – Kirchenbilder und Klippen

STEGE • ELMELUNDE KIRKE • KELDBY KIRKE • LISELUND • MØNS KLINT • KLINTHOLM HAVN

WO: *im Südosten Dänemarks* – **WIE:** *mit kleinen Kindern eine Autotour, mit großen Kindern als Radtour möglich (s. Kasten S. 71). An Møns Klint muss gewandert werden!* – **DAUER:** *Tagestour* – **NICHT VERGESSEN:** *feste Schuhe für die Klippentour*

Als kulturelle Highlights dieser Tour über die **INSEL MØN** stehen drei Kirchen zur Wahl, die in romanischer und gotischer Bilderpracht biblische Geschichten geradezu comicartig an ihren Wänden präsentieren. Jetzt muss sich zeigen: Wer kennt die Geschichten von der Erschaffung Adams und Evas über Jesu Geburt und die Kindermorde von Bethlehem bis hin zum Drachenkampf des Heiligen Georg besser – Eltern oder Kinder? Das Natur-Highlight sind anschließend die grandiosen Kreideklippen im Osten der Insel.

Die bis zu 128 Meter hohen Klippen bei Møns Klint

Aufs Rad steigen

Møn ist zwar nicht flach, hat aber viele Radwege und ruhige Nebenstraßen und eignet sich gut für Radausflüge. Die beschriebene Tour von Stege i-Büro bis Klintholm Havn ist 30 Kilometer lang, die Rückfahrt 16 Kilometer. Da **LINIENBUSSE** Fahrräder mitnehmen, kann man die Strecke verkürzen. *Mo-Fr ca. jede Std. bis ca. 22, Sa/So ca. jede 2. Std. bis ca. 20 Uhr, 30-45 Min. bis Stege, 25 Min. zur Elmelunde Kirke, Erw. (inkl. 2 Kinder bis 12 J.) 24 DKK, Kinder (0-15 J.) 12 DKK, Rad 13 DKK).*

Erste Begegnung mit Møn
Obwohl es sich um eine Insel handelt, braucht man keine Fähre, um Møn zu besuchen. Von der Autobahn E47 nimmt man die Abfahrt Farø und erreicht Møn über Bogø und einen künstlichen Damm im Südwesten nahe der **FANEFJORD KIRKE** *[Fanefjord Kirkevej 51, 4792 Askeby, Tel. +45 55 81 74 43, Mo-So 8-18 Uhr, So nur Gottesdienst]*. Sie besitzt die meisten der Kalkmalereien, für die Møn so berühmt ist.
Von Norden kommend ist Straße 59 eine Alternative. Sie quert den Ulvsund zwischen Seeland und Møn auf einer fast 750 Meter langen Brücke und führt direkt nach Stege hinein. Neben der nächsten Brücke über den Durchfluss zwischen der offenen Stege Bugt und dem Bodden Stege Nor informiert im ehemaligen Zollamt das **I-BÜRO TURISTBUREAU MØN** *[Storegade 2, 4780 Stege, Tel. +45 55 86 04 00, www.visitmoen.com, Mo-Fr 9.30-16/17, Sa 9-12, Hochsaison auch 14-16 bzw. 18 Uhr]* über die ganze Insel – hier soll die eigentliche Tour beginnen.

Inselhauptstadt Stege
Durch Steges Innenstadt zieht sich die verkehrsberuhigte Einkaufsstraße Storegade. Jeden Dienstag im Juli wird sie zum Tirsdagsmarked i Stege ganz gesperrt. Dann werden Bühnen für Livemusik, Flohmarktbuden und Hüpfburgen für Kinder aufgestellt. Beim Bummeln darf man den Durchgang an der Storegade 18 zum Luffe's Gård nicht übersehen, einem munteren Hinterhof mit kleinen Läden sowie dem Bryghuset Møn, einem Brauhaus-Restaurant, das

„Bitte braten Sie mir das mal!"

In **STIGS SCHLACHTEREI** sucht man sich Fisch oder Fleisch an der Theke aus und lässt es sich nach Vorliebe grillen. Den Preis bestimmen Gewicht oder Größe. Beilagen holt man sich vom Buffet (Erw. 60-75 DKK, Kinder 2-11 J. 32-42 DKK, bis 1 J. 20 DKK) und Getränke von einer Selbstbedienungstheke. Sitzplätze drinnen wie draußen sowie einen Spielplatz bietet nebenan Støberiet.
Slagter Stig, Storegade 59, 4780 Stege, Tel. +45 55 81 42 67, www.slagterstig.dk, Mo-Sa 8-21, So 12-21 Uhr.

Gemälde in der Kirche von Elmelunde

originelle Bierspezialitäten und aus der Küche deftige Kost auf den Tisch bringt. Dort, wo man das Zentrum nach Osten verlässt, ragt Mølleporten, das Mühlentor, als erhaltener Rest einer mittelalterlichen Burgmauer aus dem frühen 16. Jahrhundert in die Straße. Nebenan im alten Kaufmannshof Empiregården präsentiert **MØNS MUSEUM** einen Mix aus Natur- und Kulturgeschichte der Insel und zeigt in einer speziellen Abteilung Arbeiten moderner Schmuckkünstler *[Storegade 75, 4780 Stege, Tel. +45 70 70 12 36, www.moensmuseum.dk, Mai-Aug Di-So 10-16, Sep-April Di-Fr 10-14, Sa-So 10-16 Uhr, freier Eintritt zu Burgruine und Kinderspielplatz, sonst Erw. 115 DKK, bis 18 J. frei, verschiedene Kinderaktivitäten 40-65 DKK]*.

Keldby und Elmelunde
Wenige Kilometer östlich von Stege liegen zwei berühmte Landkirchen an der Straße. Ihre Wände sind wahre Bilderbücher, gemalt vom ansonsten unbekannten Elmelunde-Meister, der um 1500 in vielen Kirchen auf den dänischen Inseln aktiv war. In der **ELMELUNDE KIRKE** *[Leonora Christines Vej 1, 4780 Stege, Tel. +45 55 81 33 05, tgl. April-Sep 8-16.45, Okt-März 8-15.45 Uhr]* wurden seine Malereien, die protestantische Bilderstürmer nach der Reformation übertüncht hatten, Ende des 19. Jahrhunderts erstmals wieder freigelegt und restauriert. In der kleineren **KELDBY KIRKE** *[Præstegårdsstræde 6, 4780 Stege, Tel. +45 55 81 33 05, tgl. April-Sep 8-16.45, Okt-März 8-15.45 Uhr]* sind auch ältere Fresken aus dem 13. Jahrhundert zu sehen, an einigen Stellen deutlich von der Gewölbekonstruktion beschnitten, die um 1480 eine ursprünglich romanische Balkendecke ersetzte.

Lustschloss über den Klippen
In Borre biegt die Tour von der Hauptstraße auf den kleinen Liselundvej ein. Er endet an einem reetgedeckten Minischlösschen oberhalb der Klippenküste: **LISELUND** *[Langebjergvej 6, 4791 Borre, Tel. +45 55 81 20 81,*

Der Dichter und seine Lieblingsinsel

Deutschlands Literaturnobelpreisträger Günter Grass war ein bekennender Møn-Fan und widmete Møns Klint sogar ein Gedicht: „Wir sind Sommer für Sommer Touristen,/ legen den Kopf in den Nacken/ und sehen hoch zu den Kuppen der Kreidefelsen,/ die Klinten heißen und dänische Namen tragen.“

www.liselundslot.dk] wurde von einem adeligen Paar Ende des 18. Jahrhunderts angelegt und war bald Treff der Salongesellschaften des 19. Jahrhunderts. Der Märchendichter Hans Christian Andersen wandelte durch den zauberhaften Park ebenso wie der Bildhauer Bertel Thorvaldsen oder der Dichter Adam Oehlenschläger, der den Dänen einen Text für ihre Nationalhymne schrieb: „Es gibt da ein liebliches Land …" Ganz wie damals in Mode, stehen im Park noch ein norwegisches Haus, eine Schweizer Hütte und eine chinesische Lustlaube. Macht man vor Liselund einen Schlenker durch den Weiler Sømarke und über den Stendyssevej zurück zum Liselundvej, kommt man am Sømarkdyssen vorbei, dem Idealtyp eines Megalithgrabes der Jungsteinzeit.

Møns Klint

Über den Langebjergvej kommt man wieder zur Hauptstraße. Die führt ganz im Osten der Insel zum eigentlichen Ziel aller Møn-Besucher: **MØNS KLINT**. Der Weg taucht bald in einen der schönsten Buchenwälder Dänemarks ein, wird dort schmaler und ist irgendwann nicht einmal mehr asphaltiert. Der direkte Zugang zu den Kreideklippen besteht ab dem einzigen Parkplatz weit und breit, und der ist gebührenpflichtig (35 DKK/ Tag). Die an Dronningestolen, dem Thron der Königin, knapp 130 Meter hohen weißen Felsen ziehen sich über 12 Kilometer an Møns Ostküste entlang. Die feine Kreide ist rund 75 Millionen Jahre alt und voller Fossilien eines Urmeers. Von Eismassen der letzten Eiszeit an die Oberfläche

Die Klippenwanderung bei Møns Klint ist ein Abenteuer für Groß und Klein

Spaß im Geocenter Møns Klint

gedrückt, arbeiteten anschließend Frost, Trockenheit, Regen, Stürme und die Brandung an den Klippen. Und die Elemente formen weiter: Anfang 2007 platschten bei einem der größten Erdrutsche seit über 50 Jahren rund eine halbe Million Tonnen Kreide, Lehm und Kies in die Ostsee und ein Wahrzeichen, die Klippenformation Store Taler, verschwand für immer. Wie Dänemark im Allgemeinen und Møns Klint im Besonderen entstanden ist und wie sich die Klippen permanent verändern, dokumentiert vor Ort das **GEOCENTER MØNS KLINT** *[Stengårdsvej 8, 4791 Borre, Tel. +45 55 86 36 00, www.moensklint.dk, Apr-Jun tgl. 11-17 Uhr, Jul-Aug 10/11-18 Uhr, Sep-Okt 11-17 Uhr, KW 42 ab 10 Uhr, Erw. 140 DKK, Kinder (3-11 J.) 95 DKK]*. Es nutzt modernste Techniken der Wissensvermittlung und eine Fülle visueller und akustischer Effekte – Edutainment à la PlayStation.

In der Saison gibt es aber auch Exkursionen zum Fuß der Klippen (700 DKK/Stunde). Ein gutes Café sowie ein zu Naturthemen bestens sortierter Museumsshop komplettieren das Angebot.

Ein Spaziergang oberhalb der Klippen zu Dronningestolen und Forchhammers Pynt mit grandiosen Aussichten auf die Ostsee ist ein Muss (ca. 15 Minuten ab Parkplatz). Und wenn man sich die 450 bis 500 Treppenstufen hinunter und wieder hinauf zutraut, sollte man auch eine Wanderung am Fuß der Klippen entlang machen: Abstieg am Maglevands Fald, dann ein Kilometer Richtung Süden, die Treppe am Gråryg Fald wieder hinauf und durch den Wald oberhalb der Steilküste zurück. Jede Tour erfolgt auf eigenes Risiko, Gesteinsabbrüche und Erdrutsche gibt es aber meist nur im Winter durch Frost oder zu viel Nässe. Besteht Erdrutschgefahr, werden Wege und Treppen gesperrt. Ganz auf der sicheren Seite ist man bei Bootstouren entlang der Klippen ab Klintholm Havn mit dem Kutter **DISCOVERY** *[Reservierung: Tel. +45 21 40 41 81, www.sejlkutteren-discovery.dk, bis 6-mal tgl., ca. 2 Std., Erw. 175 DKK, Kinder 3-11 J. 90 DKK]*. Ein Besuch in **KLINTHOLM**, dem kleinen, quirligen Hafenort im Süden der Klippenküste mit Kunsthandwerkerläden, Cafés, Räucherei und Pizzeria ist überhaupt ein empfehlenswerter Abschluss für einen gelungenen Møn-Tag. Beiderseits des Hafens gibt es zudem kleine kinderfreundliche Strände.

Ærø – die Hochzeitsinsel

Ganz weit unten in der Dänischen Südsee liegt die verhältnismäßig große, aber wenig bevölkerte Insel **ÆRØ**. Es ist die einzige größere Insel ohne Brückenverbindung und wird mit der **FÄHRE** aus Fynshav (Jütland), Svendborg oder Faaborg (beides auf Fünen) erreicht *[www.aeroe-ferry.dk, ab Svendborg jede Stunde 6-22 Uhr, ab Faaborg jede 3. Stunde 5.30-16.30, ab Fynshav jede 3. Stunde 7.45-19.30 Uhr, Hin- und Rückfahrt mit Pkw 2 Erw. + 2 Kider ca. 400 DKK]*.
Lange war die Insel für ihre guten Seemänner bekannt – die kleine Stadt Marstal hatte nach Kopenhagen die zweitgrößte Handelsflotte Dänemarks. Heute findet man dort eine Seemannsschule und ein sehr gutes **MARITIMES MUSEUM** mit über 200 Schiffsmodellen *[Prinsensgade 1, 5960 Marstal, Tel. +45 62532331, www.marmus.dk, Juni-Aug tgl. 9-17, Sep-Okt u. April-Mai tg. 10-16, Nov-März Mo-Sa 11-15 Uhr, Erw. 70 DKK, Kinder unter 18 J. frei]*.
Während früher die Söhne Ærøs in die Welt gefahren sind, kommt heute die Welt nach Ærø – vor allem, um zu heiraten. Über 5.000 Trauungen finden jährlich statt, vor allem in der romantischen kleinen Stadt **ÆRØSKØBING**. Brautpaare, die durch die Gassen schlendern, gehören hier zur Normalität.
Am Marktplatz Torvet treffen sich alle im Schatten der großen Bäume vor dem Café **PÅ TORVET** *[Torvet 7, 5970 Ærøskøbing, Tel. +45 62 52 40 50, www.paatorvet.dk, März-Okt tgl. geöffnet, Tapasteller 149 DKK, Kindermenüs 69 DKK]*.
Unten am Hafen findet man das etwas verwinkelte **CAFÉ AROMA** *[Gilleballetofte 2A, 5970 Ærøskøbing, Tel. +45 62 52 40 02, www.cafe-aroma.dk, tgl. 11-21 Uhr]*, das für sein hausgemachtes Eis bekannt ist und eine große Terrasse mit Blick auf das Wasser hat.
Kurz außerhalb von Ærøskøbing bieten der **VESTER STRAND** *[Vestre Strandvej, 5970, Ærøskøbing]* und die bunten Badehütten nicht nur einen romantischen Hintergrund für Hochzeitsfotos, sondern auch gute Möglichkeiten für einen Tag im nassen Element für die ganze Familie. Verpflegung findet man hier aber nicht. Wer sein Picknickkörbchen nicht selbst mitbringen will, fährt dann lieber an den **SØBY STRAND** im Norden der Insel *[Ellehøjvej, 5985 Søby]*. Direkt neben der Marina mit Café, Eisladen und Spielplatz liegt der Strand in einer geschützten Bucht und ist so auch für die kleinsten Badegäste gut geeignet. Übernachten kann man in der frisch renovierten Jugendherberge **FEMMASTAREN** in Marstal *[Havnegade 28a, 5960 Marstal, Tel. +45 29 65 48 21, www.femmasteren.dk, DZ ab 470 DKK, mit eigenem Bad und Frühstück 995 DKK, Familienzimmer 1.175 DKK]*.

Tour 10: Ein Tag in Ostbornholm

GUDHJEM • ØSTERLARS • ØSTERMARIE • LISTED/JOBOLAND • SVANEKE

Der Leuchtturm in Svaneke

WO: *ganz im Osten Dänemarks* – **WIE:** *mit kleinen Kindern Autotour, mit großen Kindern als Radtour möglich (BAT-Regionalbusse der Linie 7 fahren im Sommer bis 5-mal tgl. alle genannten Attraktionen an und nehmen Fahrräder mit)* – **DAUER:** *mit einer der beiden großen Attraktionen, Mittelalter-Zentrum oder Joboland, ein voller Tag (die zweite sollte man gesondert besuchen)* – **NICHT VERGESSEN:** *Badezeug fürs Joboland*

BORNHOLM ist landschaftlich abwechslungsreich und kulturell bunt wie kein anderer Teil Dänemarks – und das bei maximal 40 Kilometer Nord-Süd- und 30 Kilometer Ost-West-Ausdehnung: im Süden breite Strände wie an der Nordsee (s. S. 26), im Norden Felsenküsten aus Granit wie in Schweden, dazwischen sandige Badebuchten wie am Mittelmeer, in der Mitte ein waldüberzogenes Hügelland und dazu kleine Dörfer und malerische Städte mit Fachwerk, getüncht in Rot, Gelb oder Weiß. Museen und Attraktionen spielen international vielleicht nicht in der ersten Liga, provinziell sind sie deshalb aber noch lange nicht: Hammershus, Skandinaviens größte Burgruine aus dem Mittelalter, das architektonisch spektakulär in die Landschaft über einer Klippenküste eingefügte Kunstmuseum, das populärwissenschaftliche Erlebniscenter NaturBornholm in Aakirkeby zur Entstehung und Naturgeschichte der Insel sowie die vorgelagerte Schärengruppe Ertholmene, deren nie eroberte Seefestung seit 1855 unverändert ist, sind nur ein paar Beispiele für das Potenzial der Insel. Nur liegt Bornholm etwas weit weg vom Rest Dänemarks: Der nächste Flecken sind die Kreideklippen von Møn, 137 Kilometer entfernt im Westen.

Mediterraner Charme und lebendiges Mittelalter

Die Tour beginnt in **GUDHJEM**. Nirgendwo strahlt Dänemark so viel mediterranen Charme aus wie in dieser kleinen Stadt, die nicht einmal 1.000 Einwohner hat. Gudhjem zieht sich mit seinen bunten Häusern

Radfahren

Rund 250 Kilometer Radwege überziehen Bornholm, davon viele auf den von Schienen und Schwellen befreiten Trassen der alten Bornholmer Eisenbahn. Ergänzt wird dieses Netz durch kaum befahrene Nebenstraßen. Infos inkl. Karten auf bornholm.info/de/fahrradurlaub, gutes Material auch in **BORNHOLMS VELKOMSTCENTER**, dem i-Büro für ganz Bornholm in der Nähe des Fähranlegers Rønne. *Nørdre Kystvej 3, 3700 Rønne, Tel. +45 56 95 95 00, www.bornholm.info, ganzj. Mo-Fr mind. 9-16, April-1. Hälfte Okt auch Sa mind. 9-12 Uhr.*

vom Hafen aus einen Hang hinauf. Cafébetreiber und Kunsthandwerker schätzen dieses Ambiente, lockt es doch viele Besucher an. Und sollen Kinder belohnt werden, weil sie ohne Murren den Ort mit seinen steilen Wegen erkundet haben, gibt es am Hafen die Eisdiele Gudhjem Special mit den größten Softeisportionen der Insel, ach was, ganz Dänemarks. Bornholms spannendste Familienattraktion liegt keine 5 Kilometer landeinwärts an der Straße nach Østerlars: In **BORNHOLMS MIDDELALDERCENTER** schlagen sich Ritter, jagen mit Falken und lassen Schusswaffen der ersten Stunde knallen, während holde Burgfrauen mittelalterliche Haushaltsführung demonstrieren. Besucher können selbst aktiv werden, beim Bogenschießen etwa, beim Kornmahlen oder beim Basteln von Strohpuppen *[Stangevej 1, 3760 Gudhjem, Tel. +45 56 49 83 19, www.bornholmsmiddelaldercenter.dk, Mai-Sep und KW 42 Mo-Fr 10-16/17 Uhr, Erw. 75-140 DKK je nach Saison, 3-10 J. 40-70 DKK je nach Saison]*.

Kirchen – mal rund, mal ruiniert
Wahrzeichen Bornholms sind vier weiß gekalkte Rundkirchen aus den frühen Tagen der Christianisierung im 11. Jahrhundert. Die **ØSTERLARS KIRKE** *[Vietsvej 25, 3760 Gudhjem, April-Okt Mo-Sa 9-17, So zur Messe, 10 DKK, Nov-März Di-Sa 9-14.45 Uhr, Eintritt frei]*, die größte und mächtigste, ragt nicht mal 500 Meter Luftlinie vom Mittelalter-Zentrum entfernt auf. Sieben äußere Stützpfeiler geben ihren Rundungen Halt. Innen besitzt das

Østerlars Kirke, die größte Rundkirche

Bunte Häuser in der kleinen Kaufmannsstadt Svaneke

Rundschiff einen mächtigen Mittelpfeiler, in dem sogar eine Taufkapelle Platz hat. Alle Bornholmer Rundkirchen brauchen so einen Pfeiler, denn als sie gebaut wurden, konnte noch kein Baumeister ein Deckengewölbe in voller Breite über den Innenraum spannen. Vor allem dann nicht, wenn er noch zwei Stockwerke draufsetzen wollte. Zu ihrer Entstehungszeit waren die Rundkirchen auch Schutztürme. Konnten Feinde einmal bis in den Kirchenraum vordringen, brachten sich alle Gemeindemitglieder oben in Sicherheit. Die einzige Treppe wurde so eng angelegt, dass nur eine Person Platz fand, gegen die man sich im Notfall mit einfachen Mitteln verteidigen konnte. Heute müssen sich Besucher beim Auf- und Abstieg arrangieren, wer denn wohl zuerst auf die düstere Passage mit ihren ausgetretenen Stufen darf. Oben wird man dafür mit einer tollen Aussicht belohnt.

Bei der Weiterfahrt Richtung Svaneke passiert die Straße am Ortsausgang von Østermarie noch ein ungewöhnliches Gotteshaus: die **ØSTERMARIE KIRKE**. Die heutige Gemeindekirche ist dabei kaum von Interesse – eher das, was sich dahinter auf dem Kirchhof versteckt: Nachdem Ende des 19. Jahrhunderts die Gemeinde stark gewachsen war, ließ sie kurzerhand ihre zu klein gewordene mittelalterliche Kirche durch den Neubau ersetzen. Beim Abriss der alten Kirche kam jedoch eine einzigartige Deckenkonstruktion ans Licht. Was noch stand, wurde umgehend unter Denkmalschutz gestellt – eine malerische Ruine blieb, zwischen deren Gemäuern pittoresk Runensteine aus der Wikingerzeit aufgestellt sind.

Movie-Set Bornholm

Historiker mit Fantasie sehen in Bornholms Rundkirchen Teile eines europaweiten Netzes von Bauten der einst mächtigen Tempelritter. Mit dieser Theorie spielt der Abenteuerfilm „Der verlorene Schatz der Tempelritter“: Vier Kids suchen im Stil von Indiana Jones auf Bornholm die legendäre Bundeslade. Der Film ist auf Deutsch als DVD oder Stream erhältlich, FSK ab 6 Jahren (besser wäre ab 9 oder 10, Spaß damit haben Kinder bis etwa 14 oder 15 Jahre). Etliche Schauplätze kann man vor Ort wiederentdecken, vor allem an der Østerlars Kirke.

Trabrennen – volkstümlich

Die knapp 30 Renntage von April bis November auf der Trabrennbahn Bornholms Brand Park westlich von Østermarie mitten im Wald von Almindingen ähneln Volksfesten. Da wird gewettet, gejubelt und geflucht, wenn die Gespanne für etwas Preisgeld, kleine Pokale und große Blumensträuße um das nur 580 Meter lange Oval hetzen. Kinder haben Spaß, weil sich bei Einsätzen ab 10 DKK immer ein tolles Pferd findet, auf das man setzen und das man dann lautstark anfeuern kann. Und einen Spielplatz für Rennpausen gibt es auch.

Hummer für die Eltern oder Spaß für die Kinder
3,5 Kilometer südlich der Østermarie Kirke muss man sich entscheiden: Sind jetzt die Eltern am Zug oder die Kinder? Haben die Eltern gewonnen, biegt man von der Hauptstraße Richtung Svaneke ab, fährt über den Bølshavnvej zur Küste und folgt ihr nach Süden zum kleinen Felsenhafen von Listed. In einem alten Fischlager zeigt der international bekannte **GOLDSCHMIED SEBASTIAN FROST** seine Kollektion und ein paar Meter weiter betreiben seine Eltern in der ehemaligen Hafenräucherei den Edel-Imbiss **HUMMER HYTTEN** *[Strandstien 10, 3740 Svaneke, Tel. +45 56 49 76 16, www.hummerhytten.dk, Hochsaison tgl. 10.30-Sonnenuntergang, sonst Mai-Sep an schönen Tagen, Preise nach Gewicht und Marktlage]*.
Hummer ist das, was hier fast ausschließlich serviert wird. Kanadischer zumeist, auf Wunsch aber auch der schwarze dänische, der deutlich teurer ist. Kinder, die keinen Hummer mögen, bekommen rote Würstchen, die ihm farblich verblüffend ähneln. Und damit die Eltern in Ruhe schlemmen können, gibt es in Sichtweite einen Spielplatz zum Toben.
Richtet man sich ganz nach den Kindern – dafür sollten noch gut drei Stunden Zeit übrig sein –, fährt man statt zur Küste direkt auf Svaneke zu und biegt kurz vorm Ortseingang zum **BRÆNDESGARDSHAVEN JOBOLAND** ab *[Højevejen 4, 3740 Svaneke, Tel. +45 56 49 60 76, www.braendesgaardshaven.dk, Juli-Aug tgl. mind. 11-16, Hochsaison 10-17 Uhr, Vorsaison Mo geschl., alle ab 4 J. 129-149 DKK je nach Saison]*. Der Freizeitpark setzt eher auf „Hygge“, die spezielle dänische Gemütlichkeit, und eine schöne Gartengestaltung als auf laute Effekte und Hightech-Animationen.

Kinder wetten gerne beim Trabrennen

Ein gigantisches Kletterland, ein Mini-Zoo sowie ein Spaßbad mit wilden Rutschen, aber auch einem Kleinkinderbecken begeistern Vor- und Grundschulkinder allemal. Bei Jugendlichen kommt es auf deren Erfahrung mit modernen Freizeitparks an – wer viele davon kennt, wird Brændesgardshaven abgesehen vom Spaßbad eher uncool finden.

Svaneke – Stadt der Genüsse

SVANEKE wirkt mit seinen vielen Fachwerkhäusern sehr harmonisch. Seit den 1940ern betreibt man mittels strenger Bauvorschriften Denkmalschutz. Trotzdem blieb Raum, dass sich das Zentrum dem Tourismus öffnen konnte: Am Marktplatz bei **SVANEKE BOLCHER** *[Svaneke Torv 7, 3740 Svaneke, Ostern-Ende Okt Mo-Fr 10-17, Sa 10-15]* können Leckermäuler zusehen, wie Bonbons gemacht werden, und nebenan in der **SVANEKE CHOKOLADERI** *[Svaneke Torv 5, 3740 Svaneke, ganzjährig]*, wie Edel-Pralinen entstehen. Im selben alten Kaufmannshof wie die Chokoladeri braut Bryghuset Svaneke seine von Bierenthusiasten hochgelobten Spezialbiere und serviert dazu klassisch dänische Küche. Zwischen dem Markt und dem pittoresken Hafen von Svaneke ist eine Gasse der Künstler und Kunsthandwerker entstanden. Vor allem die Glasbläserei von **PERNILLE BÜLOW** *[Brænderigænget 8, 3740 Svaneke]* lockt Besucher, weil man hier hautnah miterleben kann, wie Glaskunst entsteht. Als Besucher kann man die Hitze des rot glühenden Glases deutlich spüren. Nebenan produziert Pernilles Sohn Johan **EDEL-LAKRITZ** *[Glastorvet 1, 3740 Svaneke, Mo–Fr 9–17.30, Sa–So 9–14 Uhr]*, auch da kann man zusehen und probieren. Sein Lakritz gehört zu den Rohstoffen, aus denen ein paar Meter weiter die **BORNHOLMS ISMEJERI** *[Postgade 3, 3740 Svaneke, Ostern-KW 42 tgl. 11–17 Uhr]* Eisspezialitäten zaubert. Hier gibt es Klassiker wie Erdbeer- oder Blaubeereis, aber auch innovative Sorten wie Tomate-Ingwer und sogar Eis, das mit Bier des Svaneke Bryghuset angerührt wird: Sweet Mary.

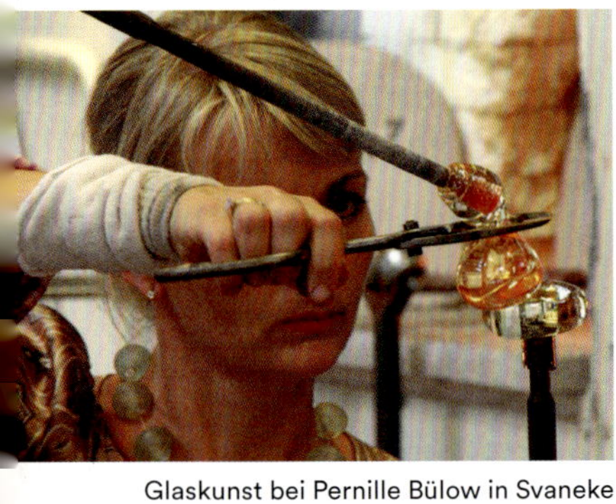

Glaskunst bei Pernille Bülow in Svaneke

Ungewöhnliche Lotto-Tradition

Ist Ihnen eigentlich in der Gasse bei der Glasbläserei das aufgemalte Gitternetz mit lauter Zahlen auf dem Asphalt aufgefallen? Mittwochs und samstags werden Hühner daraufgesetzt und die Zahl, auf die zuerst ein Hühnerschiss niedergeht, hat beim Hühnerkacke-Lotto gewonnen – Sie dürfen gern setzen!

4 DIE TOLLSTEN ATTRAKTIONEN FÜR KINDER

Ribe VikingeCenter

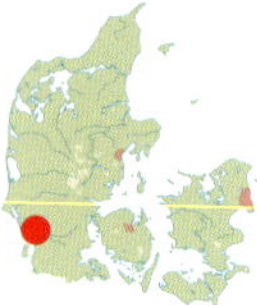

In Dänemark, dem Land der Wikinger, darf ein Besuch in Ribe, der ältesten Stadt des Landes, nicht fehlen. Bereits um das Jahr 700 kamen viele Handeltreibende, um mit den Wikingern Geschäfte zu machen, und das gesamte Mittelalter hindurch war Ribe der wichtigste dänische Hafen. Heute reizt die Stadt durch ihre beschauliche historische Anlage, rund 100 Gebäude stehen unter Denkmalschutz. Nur rund 2 Kilometer südlich von Ribe werden Besucher in die Zeit der Wikinger zurückversetzt: Auf dem rekonstruierten Marktplatz von 720 zeigen „moderne" Wikinger und Handwerker, wie Schmiede, Weber, Töpfer, Drechsler oder Bernsteinschleifer gearbeitet und gelebt haben. Außerdem kann man das alltägliche Leben der damaligen Zeit auf einem Landgut von 980 erleben. Frauen weben Kleider und kochen das Essen über dem offenen Feuer, während sich die Männer im Stall um die Kühe, Pferde, Schafe oder Katzen kümmern. Besucher haben auch die Gelegenheit, aktiv mitzumachen: So können junge Schützen ihr Talent mit Pfeil und Bogen unter Beweis stellen. Handwerklich geht es im Dorf zu: Hier werden Brote nach alter Handwerkskunst gebacken und traditionelle Arbeiten wie Körbeweben und Hufeisenschmieden ausprobiert.

Raubvögel auf Jagd

Neben Pfeil und Bogen nutzten die Wikinger auch Raubvögel, um Essen zu fangen – beispielsweise Hühnerhabichte. Im Ribe VikingeCenter führt ein Falkner eine dieser ältesten Jagdarten vor. Er erzählt Wissenswertes über diese seltene Form der Jagd und lässt auch schon mal einen Falken, eine Eule oder auch einen Habicht auf dem Arm landen. Da es heute verboten ist, dänische Vogelarten in Gefangenschaft zu halten, sind ausländische Raubvögel zu sehen.

In Ribe wird Geschichte lebendig

RIBE VIKINGECENTER:
Lustrupholm, Lustrupvej 4, 6760 Ribe, Tel. +45 75 41 16 11, rvc@ribevikingecenter.dk, www.ribevikingecenter.dk, Mai-Ende Juni Mo-Fr 10-15.30, Ende Juni-Ende Aug tgl. 11-17, Sep-Ende Okt Mo-Fr 10-15.30 Uhr, Erw. 130 DKK, Kinder (3-13 J.) 65 DKK, Führung (1 Std.) 600 DKK (für 25 Personen).

Freilichtmuseum Hjerl Hede

Auf der nördlichen Hälfte Dänemarks, nur wenige Kilometer südwestlich von Skive, liegt eines der größten Freilichtmuseen des Landes im Naturschutzgebiet Hjerl Hede.

Wussten Sie eigentlich, dass ein Schmied früher viel mehr war als ein Handwerker, der Pferde mit Hufeisen beschlug? Sogar als Zahn- oder Tierarzt verdiente er sein Brot. Dies und anderes Wissenswertes über das Mittelalter lernen Sie im Freilichtmuseum. In der Schule des „Alten Dorfes" wird Ihnen gezeigt, wie Mitte des 19. Jahrhunderts den Kindern in 7 Schuljahren das Lesen, Schreiben und Rechnen beigebracht wurde. Ganz in der Nähe finden Sie die Böttcherei, in der Sie einem Böttcher dabei zusehen können, wie er Gefäße, Kübel, Buttertonnen und Fässer herstellt. Auch in der Bäckerei, die gleich die Straße entlang zu erreichen ist, kann Groß und Klein lernen, was das damalige Handwerk zu bieten hatte. Im Sommer wird im See gefischt und mit Pfeil und Bogen gejagt. Viele Leckereien und altertümliche Handwerkskunst können im Museumsshop erworben werden.

Im Freilichtmuseum steht die Zeit still

Torf als Energiequelle

Bestandteil von Hjerl Hedes Frilandsmuseum ist das **MOORWIRTSCHAFTSMUSEUM**, wo ein Besuch ebenso lohnenswert ist. Dort wird gezeigt, wie Torf entsteht – historisch eine sehr wichtige Energiequelle in dieser Region. In einer speziellen Steinzeitsiedlung können Sie zudem beobachten, wie Feuersteinwerkzeuge, Einbäume, Tonkrüge und Kleidung hergestellt werden.

HJERL HEDES FRILANDSMUSEUM: *Hjerlhedevej 14, 7830 Vinderup, Tel. +45 96 11 50 90, info@hjerlhede.dk, www.hjerlhede.dk, Kernöffnungszeiten Mai-Sep u. KW 42 tgl. 10-16, Juli-Mitte Aug tgl. 10-17.30 Uhr, 1-3. Advent 10-17.30 Uhr, Erw. Mai-Jun & ab Mitte Aug-Okt sowie KW42 70 DKK, Jul-Mitte Aug 150 DKK, Kinder unter 18 J. frei.*

Legoland

Wer kennt sie nicht, die kleinen, bunten Plastikbausteine namens Lego. Im beschaulichen Städtchen Billund befindet sich Dänemarks bekannteste Familienattraktion: das Legoland. Mittlerweile strömen jährlich rund 1,5 Millionen Besucher in den Vergnügungspark. Herzstück der Anlage ist das Miniland, wo es berühmte Bauwerke aus Deutschland, Dänemark und vielen Teilen der Welt zu bestaunen gibt. Im Maßstab von 1:20 entdecken Eltern und Kinder stimmungsvolle Fassaden, Schlösser oder den Nyhavn aus Kopenhagen. Auch Amsterdam, das Kennedy Space Center mit qualmendem Shuttle und ein Fjorddorf aus Norwegen gehören zur Miniaturwelt. Weitere Attraktionen wie die Atlantis-Unterwasserwelt mit echten Haien und Lego-Tauchern, die auf der Suche nach verborgenen Schätzen sind, das Duploland, in dem die Kleinsten sich austoben dürfen, die Kinderfahrschule für die ersten Fahrstunden und die Westernstadt, in der Gold gewaschen werden kann oder mit Indianern Stockbrot gebacken werden darf, runden einen ereignisreichen Tag im Legoland Billund ab. Tipp: Vorab gekaufte Tickets verkürzen die Wartezeiten am Eingang erheblich!

Erlebnispark aus Millionen Lego-Steinen

LEGOLAND: *Nordmarksvej 9, 7190 Billund, Tel. +45 75 33 13 33, info@legoland.dk, www.legoland.dk, April-Okt 10-18, Wochenende bis 20, Juli-Anf. Aug Mo-Fr bis 21 Uhr geöffnet, Erw. (13-64 J.) 359 DKK, Kinder (3-12 J.) 339 DKK. Viele Fähranbieter und Tourismusportale bieten auch Paketpreise für Familienreisen nach Legoland an.*

Be Happy Pass – sei glücklich!

Beim Buchen von beispielsweise Fährtickets von Deutschland nach Dänemark mit Stena Line oder bei der Ankunft in vielen Unterkünften auf Jütland erhalten Sie den „Be Happy Pass“. Und für Reisende mit Kindern gibt es damit wirklich gute Gründe, glücklich zu sein. Der Pass, der gemeinsam mit Legoland herausgegeben wird, bietet viele Ermäßigungen für die ganze Region. So bekommt man unter anderem freien Eintritt für ein Kind im Ribe Vikingermuseum, 20 Prozent Rabatt auf die Eintrittspreise im Givskud Zoo und ermäßigte Preise in vielen Restaurants. Mehr Informationen: www.legolandbillundresort.dk.

Givskud Zoo

Nur etwa 20 Autominuten vom LEGOLAND entfernt liegt der Zoo „für das ganze Rudel“. Auf großzügigen Freiflächen leben hier über 90 verschiedene Tierarten. Mit zur wichtigsten Aufgabe hat sich der Zoo die Erhaltung vom Aussterben bedrohter Tierarten gemacht. Zu bewundern gibt es all die Tiere – wie bei einer echten Safari – vom eigenen Auto oder vom Bus des Parks aus. Hauptattraktion des Givskud Zoo sind die Löwen. In abgezäunten Gehegen tummeln sich rund 40 Raubkatzen. Vom sicheren Wageninneren aus kann man die Tiere dann beim Faulenzen in der Sonne und sogar beim Fressen beobachten. Auf Ihrer Safaritour begegnen Sie auch Wasserbüffeln, Antilopen, Bisons, Zebras und neugierigen Giraffen. Die Route durch den Tierpark bietet immer wieder Parkmöglichkeiten zum Rasten. Dabei hat man die Gelegenheit, sich die Tiere in ihren Gehegen genauer anzuschauen. Gleich bei der ersten Station heißen Sie die Elefanten, Dromedare und Yaks willkommen. Ein großer Spielplatz und Picknickplätze erwarten Sie an der dritten Parkstation. Hier zeigen die Ziegen des Zoos ihre Kletterkünste und werden gern zum Spielen aufgefordert. Immer wieder spannend sind die täglichen Fütterungen der Tiere, wobei die Pfleger viel Wissenswertes über ihre Schützlinge zu erzählen wissen. Dabei freut sich gerade das eine oder andere Kamel über Möhren aus Kinderhänden.

GIVSKUD ZOO: *Løveparkvej 3, Givskud, 7323 Give, Tel. +45 75 73 02 22, info@givskudzoo.dk, www.givskudzoo.dk, Kernöffnungszeiten Ende März-Okt 10-16, Mai-Juni 10-17, Juli 10-20 Uhr, Erw. 200 DKK, Kinder (3-11 J.) 100 DKK.*

Freche Diebe!

Hier soll man lieber aufpassen! An der zweiten Parkstation im Givskud Zoo warten niedliche, aber auch äußerst freche Affen auf die Besucher. Hier können Sie direkt durch das Gehege laufen und die Tiere aus nächster Nähe beobachten. Parkranger müssen aber darauf achten, dass keine Handtaschen oder Kameras stibitzt werden und dass die Affen Abstand halten.

Die niedlichen Affen sind geübte Diebe

Energimuseet

Wie entsteht eigentlich Strom? Was passiert, wenn man eine SMS verschickt? Und wie viel Energie benötigt man, um eine Glühbirne zum Leuchten zu bringen? Im Elektrizitätsmuseum werden diese sowie andere Fragen rund um Kommunikation in Bezug auf Computer, bewegte Bilder oder Rundfunk beantwortet. Auch Themen wie Klima, Licht, Wind- und Wasserkraft, Kernenergie oder Kohle, Öl und Gas werden behandelt. Kinder dürfen all diesen Dingen auf den Grund gehen, können ausprobieren, experimentieren und forschen.

Fang das Licht!

Wer selbst gern experimentiert, sollte das **LABOR VON THOMAS B. THRIGE** im Energimuseet besuchen. Dort können kleine und große Forscher in die Haut der Wissenschaftler in der Zeit von 1600 bis 1900 schlüpfen. Experimente zum Thema Magnetismus oder statische Elektrizität sind interessant und machen Spaß. Amüsant wird's auch beim Versuch, das Licht zu fangen. Diese Ausstellung wurde dem Ingenieur Thomas B. Thrige gewidmet, einem der größten Wissenschaftler Dänemarks.

Elektrizität auf spannende Weise erklärt

Die kleine Maus Elvis Elmus begleitet Kids durch das Museum und erklärt spielerisch alles rund um das Thema Energie. In unmittelbarer Nähe des Museums steht Dänemarks größtes Wasserkraftwerk – die Gudenåcentralen. In diesem Kraftwerksbau aus den 1920er-Jahren darf weiterexperimentiert werden. Aufgeklärt wird auch darüber, wie die Elektrizität die moderne Welt verändert hat.

ENERGIMUSEET: *Bjerringbrovej 44, 8850 Bjerringbro, Tel. +45 86 68 42 11, info@energimuseet.dk, www.energimuseet.dk, Kernöffnungszeiten: April-Ende Okt Mo-Fr. 10-16, Sa-So 10-17 Uhr, Erw. ab 18 J. 100 DKK, Kinder frei, Führungen (englisch, dänisch) Mo-Fr von 9-16 Uhr, Gruppen bis max. 25 Personen 800 DKK.*

Im „Besten Vergnügungspark Europas" geht es wild zu

Fårup Sommerland

Wie Pilze schossen in Dänemark in den letzten Jahren die Sommerländer aus dem Boden. Eines der schönsten Aquabäder mit Freizeitpark ist das in Fårup bei Saltrum im Nordwesten, dem 2015 der Titel „Bester Vergnügungspark Europas" verliehen wurde.
Keine trockene Kleidung, aber viel Freude garantiert eine Kanutour auf dem See. Ein Spielplatz mit Wippen, Rutschen und einer kleinen Seilbahn sorgt auch bei den Kleinsten für Action. Im Aquapark geht es allerdings keineswegs ruhiger zu: Riesige Wasserrutschen sorgen für ein feuchtfröhliches Spektakel. Vergessen Sie also Ihre Handtücher und vor allem die Badesandalen nicht, denn die sind im Park vorgeschrieben. Aber nicht nur Wasserratten kommen in Fårup Sommerland auf ihre Kosten. Auch wagemutige Actionfans haben sicherlich viel Spaß in den zahlreichen Fahrgeschäften, beispielsweise beim Speedbootfahren, in der Achterbahn oder beim Wildwasserrafting. Viel Vergnügen für die ganze Familie gibt's auch im 3-D-Kino, beim Klettern im riesigen „Spinnennetz" oder beim Springen und Saltoschlagen auf den Hüpfburgen. Tipp: Mieten Sie sich am Eingang einen Handwagen für Ihr Gepäck, da die Anlage sehr weitläufig ist (etwa 20 DKK plus Pfand).

FÅRUP SOMMERLAND:
Pirupvejen 147, 9492 Blokhus, Tel. +45 98 88 16 00, info@faarup.dk, www.faarupsommerland.dk, Kernöffnungszeiten Juni-Ende Aug 10-17 Uhr, teilw. auch längere Öffnungszeiten bis 18 oder 19 und im Juli sogar teilw. bis 20 Uhr, Kinder ab 3 J. und Erw. 240-280 DKK je nach Saison, Aquapark Mitte Mai-Ende Aug.

Danfoss Universe

Können Kinder ein Auto mit ihren eigenen Händen anheben – so wie Pippi Langstrumpf? Wie die Hebeltechnik und andere „Wunder“ der Wissenschaft funktionieren, erfahren kleine und große Wissensforscher im Erlebnispark Danfoss Universe in Nordborg auf der schönen Insel Als. Anhand vieler Experimente und interaktiver Spiele wird elementares Wissen über eine oft fremde Welt vermittelt. Zum Beispiel Hydraulik – was das ist, können Kinder an kleinen Robotern oder in einem echten Bagger herausfinden. Die Kräfte der Natur erleben Sie im „Blue Cube“: Im faradayschen Käfig können echte Blitze beobachtet werden, eine nachgebaute Gletscherspalte zeigt die Kraft des Eises und eine Animation über Vulkane gibt Einblick in das „heiße“ Naturphänomen. Gerade für kleinere Kinder ist der Spielplatz im liebevoll angelegten Park, der auch ideal zum Picknicken ist, toll. Auch hier sind Kopf und Körpereinsatz gefragt, wenn die Kletterspinne mit ihren leuchtenden Augen zum Spiel auffordert. Tipp: Eine Führung (auch auf Deutsch) hilft, die vielen Stationen kennenzulernen. Ein Besuch bei Danfoss Universe ist äußerst lohnenswert!

DANFOSS UNIVERSE: *Mads Patent Vej 1, 6430 Nordborg, Tel. +45 88 81 95 00, info@universe.dk, www.universe.com, April-Juni u. Mitte Aug-Ende Okt Di-Fr 10-16, Sa-So 10-17, Juli-Mitte Aug tgl. 10-18 Uhr, Erw. 245 DKK, Kinder (5-15 J.) 195 DKK.*

Im Danfoss Universe werden wissenschaftliche Aufgaben spielerisch angegangen

Acht Themenwelten bieten Spaß für die ganze Familie

Djurs Sommerland

Mehr als 60 Fußballfelder umfasst das Freizeitareal in Nimtofte mitten im Djursland. Damit ist es der größte Spaßpark Dänemarks. Erlebnishungrige können mit den rund 60 Attraktionen im Park, unter anderem mit der schnellsten und längsten Achterbahn Europas, ihren Appetit zumindest für einige Tage stillen. Zum Verschnaufen laden zahlreiche Grünflächen mit Picknickmöglichkeiten ein. Hier dürfen Sie Ihre Decke ausbreiten und grillen. Der Park ist in acht verschiedene Themenwelten aufgeteilt, zum Beispiel Bauernhof, Wikinger, Piraten, Wasser und Mexiko. Allen gemeinsam ist das aufgedrehte Tempo: Hier dreht sich alles um „schneller, höher und tiefer". Für kleinere Kinder oder Erwachsene, die ein eher gemächliches Tempo bevorzugen, gibt es Fahrgeschäfte wie den „Pony Express" und einen großen Spielplatz mit Indianerthema. 2018 öffnen der neue „Safaribus" und die „Jungle Rally", eine sehr schnelle Kinderrutsche für alle „Dschungelbesucher" zwischen 90 und 120 cm.

DJURS SOMMERLAND:
Randersvej 17, 8581 Nimtofte, Tel. +45 86 39 84 00, www.djurssommerland.dk, Kernöffnungszeiten Juni-Ende Aug 10-20/21 Uhr, Ende April-Ende Juni Kinder ab 3 J. und Erw. 265 DKK, Ende Juni-Ende Okt 285 DKK.

Gruseliges Sommerland

In den dänischen Herbstferien (KW 42) verwandelt sich das sonst so fröhliche Djurs Sommerland in einen waschechten Gruselpark. Aber keine Sorge, dieser schrecklich-schaurige Park kommt bei Kindern garantiert gut an. In diesem Zeitraum findet nämlich das „magische Halloween" statt und zwischen den Fahrgeschäften werden Hexen, Skelette und Gespenster sowie über 20.000 Kürbisse aufgestellt.

Kattegat-centret

Im Haicenter in Grenå kann man Raubfischen ganz besonders nah sein. Nicht nur beim Spaziergang durch den Haitunnel können interessierte Meerwasserfans Haie aus nächster Nähe erleben: Sogar ein Tauchgang im 1,5-Millionen-Liter-Meerwasseraquarium ist möglich. Mit erfahrenen Tauchlehrern können Sie heimische Fischarten wie Hundshaie, Glatthaie und Katzenhaie, aber auch Hornhechte und Makrelen sowie Dorsche und Seeaale bei Ihrem Tauchgang zum Greifen nah erleben. Ganz besonders spannend für Kinder kann der „Streichelzoo" sein: In den offenen Aquarien dürfen sie den Flügelschlag der Rochen spüren. Außerdem wird in dieser Ausstellungsabteilung viel Wissenswertes über verschiedene Biotope des Kattegats – das Meeresufer, die Gezeitenzone, die Steilküste, den Hafen und das offene Meer – gezeigt. Neben den Rochen tummeln sich hier allerlei Fischarten vom großen Hummer bis zu kleinen Meerestieren. Außerdem gibt es Haieier, aus denen Junge schlüpfen. In der Freiluftanlage in der Lagune des Kattegatcentret werden täglich Seehunde gefüttert.

Der beeindruckende Haitunnel

Viel Strand, wenig Menschen

Die 22 Quadratkilometer große **INSEL ANHOLT** erreicht man in etwa drei Fährstunden ab Grenå. Die wunderschöne Insel, auf der nur etwas mehr als 100 Menschen leben, bietet an der 26 Kilometer langen Küste viele sandige Badestrände. Moränenhügel, Wiesen sowie Wald- und Heidegebiete sorgen für eine abwechslungsreiche Landschaft.
Infos sind erhältlich bei Anholt Turist, Gennem Landet 94B, 8592 Anholt, Tel. +45 86 31 91 33, turist@anholt.dk, www.visitanholt.dk.

KATTEGATCENTRET GRENÅ:
Færgevej 4, 8500 Grenå, Tel. +45 86 32 52 00, kc@kattegatcentret.dk, www.kattegatcentret.com, Mitte Feb-Ende Juni Mo-So 10-16/17, Juli Do bis 20 Uhr, Sep-Okt Mo-So 10-16/17 Uhr, Nov-Dez Di-So 10-16 Uhr, Erw. 165 DKK, Kinder (3-11 J.) 90 DKK.

Knuthenborg Safaripark

Safari-Feeling im hohen Norden auf Dänemarks viertgrößter Insel Lolland: Einmal kurz nicht aufgepasst, schon sitzt ein frecher Affe auf dem Autodach und streckt fordernd seine Arme nach etwas Essbarem durchs Autofenster. Von den Giraffen ganz zu schweigen – sie sind äußerst neugierig und stecken schon mal ihre Schnute in das geöffnete Sonnendach. Den Knuthenborg Safaripark können Sie zu Fuß oder mit dem Auto erkunden. Sie durchqueren dabei ein Stück Afrika und Asien. In der „Savanne“ sollten Sie allerdings das Auto nicht verlassen, wenn Sie Zebras, Gnus und Straußen begegnen. Parkranger achten auf Ihre Sicherheit. In dem großzügigen Areal der Kamele, Lamas, Esel, Zwergzebras und Ziegen können Kinder die Tiere hautnah erleben. Ebenfalls empfehlenswert ist der Naturspielplatz: Wie im Dschungel können Kids Tarzan spielen, dabei an Seilen schwingen und über Baumstämme balancieren. Führungen, eine Offroad-Tour oder eine Nachtfahrt im Safaripark werden ebenfalls angeboten.
Ab 2018 ziehen auch deutlich ältere „Tiere“ ein, dann wird ein 30.000 Quadratmeter großer „Dinosaurier-Wald“ eröffnet.

„Safari-Erlebnis“ auf dänische Art

Töff, töff, töff ...

Eine originelle Weise, zum Safaripark zu gelangen, ist die **MUSEUMSBAHN.** Die 8 Kilometer lange Traditionsroute zwischen Maribo und dem kleinen Hafenstädtchen Bandholm lässt nicht nur die Herzen der Liebhaber von nostalgischen Dampf- und Triebwagenzügen höherschlagen.
Eine einfache Zugfahrt (Mitte Juni-Aug: So, Juli: Di u. Do, Abfahrt ab Maribo ca 10, 13 u. 15 Uhr) dauert etwa 50 Minuten und kostet für Kinder (4-12 J.) 25 DKK und Erw. 50 DKK. www.museumsbanen.dk.

KNUTHENBORG PARK & SAFARI: *Knuthenborg Alle, 4930 Bandholm, Tel. +45 54 78 80 89, info@knuthenborg.dk, www.knuthenborg.dk, Mai-Juni/Aug/KW 42 10-17, Ende Juni-Anfang Aug 10-18, Sep-Mitte Okt 10-16 Uhr, Erw. 225 DKK, Kinder (3-11 J.) 135 DKK.*

Die Wikingerschiffe in Roskilde sind heute genauso beeindruckend wie früher

Wikingerschiffsmuseum Roskilde

Wickie und die starken Männer – wer kennt sie nicht, die clevere Trickfilmfigur mit ihren feuerroten Haaren, die zusammen mit Snorre, Faxe & Co die Meere unsicher macht. Wie so ein echtes Wikingerschiff aussieht und wie man es damals gebaut hat, kann man in Roskilde im Schiffsmuseum sehen. Gerade für Kinder wurden die Themen des Museums rund um Schiffe, Seefahrt und Bootsbaukultur im Altertum und Mittelalter anschaulich dargestellt. In der Bootshalle sind fünf restaurierte echte Wikingerschiffe von Skuldelev ausgestellt. Sie wurden damals absichtlich im Roskildefjord versenkt, um den Verkehr auf der wichtigsten Fahrrinne zu kontrollieren und Roskilde vor feindlichen Angriffen zu schützen. Jedes der Wikingerschiffe hat seine eigene Geschichte über wilde Beutezüge oder das Leben der Fischer zu erzählen. Wer einmal in die Haut der Wikinger schlüpfen möchte, kann von Mai bis September sogar an einem historischen Segelturn teilnehmen.

VIKINGESKIBSMUSEET:
Vindeboder 12, 4000 Roskilde, Tel. +45 46 30 02 00, museum@vikingeskibsmuseet.dk, www.vikingeskibsmuseet.dk, Mai-Ende Okt tgl. 10-17 Uhr, sonst tgl. 10-16 Uhr, Erw. 85-130 DKK je nach Saison, Kinder unter 18 J. frei.

BonBon-Land

Der wohl beliebteste Familien-Freizeitpark der Dänen wurde einst zu PR-Zwecken eines Bonbon-Herstellers errichtet. Der Name kommt also nicht von ungefähr. Immer mehr Kinder und Schulklassen wollten wissen, wo die Bonbons mit den kuriosen Namen „Hundekacke“, „Kuhfladen“ oder „Möwenschiss“ eigentlich herkommen. Da ein Besuch in der Fabrik aus hygienischen Gründen streng untersagt ist, gründete Fabrikant Michael Spangsberg kurzerhand 1992 das BonBon-Land mit einer kleinen Produktionshalle für Lutscher & Co, einem Süßigkeitenladen und einem Kino. Die frechen Leckereien aus Dänemark blieben auch über die Landesgrenzen hinaus nicht im Verborgenen, immer mehr neugierige Schleckermäuler wollten die Herstellung der Bonbons mit den wohl unmöglichsten Namen der Welt sehen. Dieses große Interesse hat das

Urlaubsklassiker: das BonBon-Land

Hunderttausende Blumen

Wenige Kilometer südwestlich von Næstved liegt die **INSEL GAVNØ** mit dem gleichnamigen Schloss. Ein schöner Park verwandelt sich von Mai bis September in ein Blütenmeer aus duftenden Tulpen, Narzissen oder Rosen. Gerade für Kinder ist die Insel mit ihrem Schmetterlingshaus, dem Seeräuberspielplatz und einem Streichelzoo mit afrikanischen Bergziegen ein tolles Ausflugsziel. Beim Eingang können kleinere Kinder eine Karte für eine Schnitzeljagd im Park bekommen, die etwas größeren Kinder lädt ein Hochseilgarten zum Klettern ein.
Kernöffnungszeiten Gavnø: Mai 10-17, Juni-Sep 10-16 Uhr, Erw. 125 DKK, Kinder (5-12 J.) 75 DKK, Familie (2 Erw. + 2 Kinder) 325 DKK.

Goldgräber im BonBon-Land

BonBon-Land zu dem gemacht, was es heute ist: ein Freizeitpark mit rund 60 Fahrgeschäften und Spaßattraktionen. Der Park ist mit seinen kinderfreundlichen Achterbahnen, Booten, Schaukeln und Klettergerüsten sowie den wilden Loopingbahnen bei Kindern, Teenagern und Eltern gleichermaßen beliebt. Ein Markenzeichen des BonBon-Lands ist die detailreiche Gestaltung und Namensgebung seiner Attraktionen. Skurril ist zum Beispiel die sogenannte „Hundefurz-Achterbahn“: Hier hat der furzende Hund Henry, der gleichzeitig auch das Maskottchen des Parks ist, einen Haufen inmitten der Achterbahn gelegt. Dieser schräge Humor zieht sich durch das gesamte BonBon-Land. Herausragend ist sicherlich das Beaver-Rafting, eine rund 550 Meter lange Wasserfahrt, die an zahlreichen lustigen Biberfiguren vorbeiführt. Ein Spaß für Groß und Klein ist auch das „Skildpadden“: Die Sitze des Kettenkarussells hängen an einer Schildkröte, die offenbar nicht ganz schwindelfrei ist und so aussieht, als müsse sie sich jeden Moment übergeben.

BONBON-LAND: *Gartnervej 2, 4684 Holme-Olstrup, Tel. +45 55 53 07 00, post@bonbonland.dk, www.bonbonland.dk. Kernöffnungszeiten: Juni-Ende Aug 10-20 (teilweise im Juni und Aug nur bis 17 Uhr geöffnet), Preise für Kinder ab 90 cm Körpergröße und Erw. je nach Saison und Wochentag ca. 149-239 DKK (günstiger online auf www.bonbonland.dk).*

Und was machen wir am Samstag?

Samstag ist in Dänemark der Ferienhauswechseltag. In Ferienzeiten sorgt das für Staus, z. B. rund um Varde und Ribe, sowie für Wartezeiten an der Fähre Esbjerg – Fanø. Wenn man aber den An- und Abreisern nicht in die Quere kommt, haben die Samstage auch ihr Gutes: Erfahrungsgemäß sind an diesem Tag Attraktionen wie das BonBon-Land oder Legoland leerer als in der Wochenmitte.

Experimentarium

Anfassen, ausprobieren und tüfteln – typische Beschäftigungen von Kindern, die die Welt entdecken. Im Experimentarium steht genau das im Mittelpunkt. Mehr als 300 Stationen zum Experimentieren in den Bereichen Technik, Umwelt und menschlicher Körper warten auf große und kleine Besucher.
Ein paar Beispiele machen es deutlich: Die wohl beliebteste Ausstellung „Mennesket" („Der Mensch") hält alles Wissenswerte über den Körper bereit. Beim Fahrradexperiment können Sie in Ihr Innerstes schauen, während Sie in die Pedale treten. Wie arbeiten Blut, Muskeln, Knochen und das Gehirn miteinander? In anderen Ausstellungen geht's weiter wissenschaftlich zu: Bei der Station rund um das Gehör, bei der die Kids auf bunten Kontaktplatten Lieder hüpfend komponieren können, ist jede Menge Spaß garantiert.
Weite Hallen mit den Themen Energie, Seifenblasen, Spiegel, Licht oder Mathematik sorgen für noch mehr Spiel und Spaß an der Wissenschaft.

EXPERIMENTARIUM: *Tuborg Havnevej 7, 2900 Hellerup, Tel. +45 39 27 33 33, info@experimentarium.dk, www.experimentarium.dk, Mo-Mi u. Fr 9.30-17, Do 9.30-20, Sa-So 10-17 Uhr, in den dänischen Schulferien bis 18 Uhr, Kinder (3-11 J.) 115 DKK, alle ab 12 J. 195 DKK.*

Das Experimentarium erklärt die Welt mit lustigen und handfesten Beispielen

Bakken: Hirsche & nostalgischer Rummel

Von Kopenhagen sind es nur 20 S-Bahn-Minuten (Linie C bis Bahnhof Klampenborg) ab Hauptbahnhof, bis müde City-Shopper eine andere Facette der Hauptstadt entdecken können: den öffentlich zugänglichen, weitläufigen königlichen Landbesitz mit röhrenden Hirschen und Rehen – über 2.000 sollen es sein. Lassen Sie sich zu einem Picknick auf einer der Wiesen nieder oder besuchen Sie Bakken, den ältesten Vergnügungspark der Welt. Schon 1583 versammelten sich hier Gaukler und Musikanten. Heute ist Bakken eine bunte Mischung aus Freizeitpark, Kirmes und Ausgehviertel.

Hot Dogs vom Feinsten

Beim Wort „Dänemark“ denken viele sofort an Hot Dogs. Nicht verwunderlich, denn die rote (wenn gekocht SEHR rote!) und milde Wurst ist die Nationalspeise unserer nördlichen Nachbarn. In ein weiches Brötchen eingebettet und zugedeckt mit reichlich Senf, Mayonnaise, Ketchup, gerösteten Zwiebeln und Gurken, ist die Wurst selbst erst mal schwer zu finden. Schwierig ist es auch, das Ganze kleckerfrei zu essen. Lecker sind Hot Dogs aber auf jeden Fall – und hungrig bleibt niemand.

BAKKEN: *Dyrehavevej 62, Klampenborg, Tel. +45 39 63 35 44, www.bakken.dk, Kernöffnungszeiten Ende März-Ende Aug, Mo-So ab 10 Uhr, Eintritt frei, Fahrgeschäfte aber mit verschiedenen Preisen.*

In Bakken werden Besucher unter anderem von Damhirschen begrüßt

5
GUT ZU WISSEN

Fakten von A bis Z

Ankunft/Anreise
Alle Regionen Dänemarks sind auf dem gut ausgebauten Autobahnnetz problemlos zu erreichen. Um auf die zahlreichen Inseln zu gelangen, fährt man über Brücken und Dämme oder nutzt Fähren. Für die Querung der **ØRESUND**-Brücke von Kopenhagen nach Malmö, Schweden, sowie der Storebælt-Brücke zwischen Nyborg auf Fünen und Korsør auf Seeland wird eine Maut erhoben (Pkw 460/240 DKK, zahlbar mit EC-Karte oder bar). Nach Kopenhagen und auf die ostdänischen Inseln gelangt man von Deutschland aus auch mit der Autofähre. Die Fährfahrt von Rostock nach Gedser dauert knapp 2 Std. (alle 2 Std., ab 33 €), die Überfahrt von Puttgarden/Fehmarn nach Rødby 45 Minuten (halbstündig, ab 33 €, beide www.scandlines.de). Die Insel Bornholm erreicht man per Schiff von Sassnitz/Rügen, die Fahrt nach Rønne dauert 3,5 Std. (Hochsaison mind. einmal tgl., ca. 200 € mit Pkw, www.nordic-ferry.com). Die Deutsche Bahn hat zwar ihre Autozüge eingestellt, ÖBB sowie BTE bieten aber nach wie vor Autozüge ab z. B. Lörrach nach Hamburg an (www.bahntouristikexpress.de und www.fahrplan.oebb.at).
Auch per Bahn ist die Anreise sehr bequem. Auf den Strecken Hamburg–Flensburg–Århus und Berlin–Hamburg–Puttgarden–Kopenhagen verkehren mehrmals täglich ICE-Züge (für Frühbucher bereits ab 39,90 €). Im Sommer (Ende Juni bis Mitte August) fährt außerdem der Nachtzug „Snälltåget" von Berlin nach Kopen-

Die Anreise mit dem eigenen Auto ist problemlos möglich

Achtung, Autofahrer!

In Dänemark muss rund um die Uhr das Abblendlicht angeschaltet sein! Auf der Autobahn gilt für Pkws ein Tempolimit von 130/110 km/h, außerorts 80 km/h, innerorts 50 km/h. Verstöße werden mit hohen Bußgeldern geahndet. In Kopenhagen und anderen Städten gibt es seit Kurzem Umweltzonen, in denen nur Dieselfahrzeuge fahren dürfen, die jünger als 7 Jahre sind, sofern sie keinen Partikelfilter haben. Bei ausländischen Autos reicht ein entsprechender Vermerk in den Papieren.

hagen (und weiter nach Malmö in Schweden) ab 45 €.
Flugreisende landen in der Regel in Kopenhagen/Kastrup. Im Sommer fliegt die Lufthansa direkt ab Hamburg nach Bornholm (www.lufthansa.com). Flieger nach Billund/Jütland starten in München und Frankfurt. Auf innerdänischen Flügen mit der SAS ist die Mitnahme von Kinderwagen oder Buggys kostenlos. Der Wagen wird auf das maximal zulässige Freigepäck angerechnet. Aus den Reifen muss jedoch vor dem Flug die Luft herausgelassen werden.

Auskunft
Alle relevanten Auskünfte über das Reiseland Dänemark erhalten Sie bei Visit Denmark in Hamburg. Die Website (www.visitdenmark.com) hält detaillierte Informationen zu einer Fülle von Themen bereit und bietet darüber hinaus die Möglichkeit zur Online-Buchung von Unterkünften und Reisetickets. Auch eine Vielzahl von Broschüren und Prospekten kann hier bestellt werden. Telefonisch werden Interessierte ausführlich und kompetent unter Tel. 01805-32 64 63 (0,14 €/Minute), per E-Mail unter daninfo@visitdenmark.com beraten. Weitergehende Informationen zur Geschichte, Kultur und Gesellschaft Dänemarks findet man unter www.denmark.dk. In Dänemark selbst befinden sich an jedem größeren Ort Touristeninformationen (i-Büros), deren Mitarbeiter Hilfesuchenden mit Rat und Tat zur Seite stehen.

Autovermietung
Ein Auto zu mieten ist in Dänemark vergleichsweise teuer (ca. 1.200 DKK/Tag). Für Familien, die kürzere Strecken zurücklegen wollen, ist es daher empfehlenswert, mit dem Rad zu fahren oder öffentliche Verkehrsmittel zu benutzen. Auskünfte erhält man in den i-Büros vor Ort oder online unter www.danskautorent.dk.

Babysitter
Auch wenn man den Familienurlaub gemeinsam erleben will, haben Eltern manchmal das Bedürfnis, Zeit allein zu verbringen. In Dänemark kein Problem! Viele Campingplätze und Ferienparks bieten ein umfangreiches Animationsangebot für Kinder, sodass Sie Ihre Kinder guten Gewissens für einige Stunden dort „parken" können. Auch in Kopenhagen gibt es Babysitterdienste, z. B. unter www.nanniesofcopenhagen.com (+45 60 54 66 52, ab 140 DKK/Std.).

Familienurlaub auf dem Campingplatz

Bus, Bahn und Taxi

Innerhalb Dänemarks verbinden Intercity-Züge im Stundentakt die Landesteile und Städte. Auf kleineren Strecken verkehren regelmäßig Regional- und Lokalzüge (www.rejseplanen.dk). In den Zügen der Dänischen Staatsbahn (DSB) kann ein Erwachsener bis zu 2 Kinder unter 12 Jahren umsonst mitnehmen. Die Mitnahme von Kinderwagen und Buggys ist kostenlos. Außerdem steht ein gut ausgebautes Netz von Überlandbussen zur Verfügung. Fast alle Busse nehmen auch Fahrräder mit. Das deutsche Unternehmen Flixbus fährt durch das ganze Land (www.flixbus.dk).

Für Taxifahrten wird eine Grundgebühr von rund 25 DKK erhoben, dazu kommt das Kilometergeld, das an Wochentagen günstiger ausfällt als am Wochenende und abends.

Camping

Dänemarks Campingplätze gehören zu den besten in Europa. Von den über 500 klassifizierten Plätzen liegen die meisten in schönen Naturgebieten oder nah am Wasser. Sie bieten gute sanitäre Einrichtungen, viele Plätze haben Wickelräume und Spielplätze, sind also für einen Urlaub mit Kindern besonders gut geeignet. Anerkannte Plätze sind mit einem grünen Wimpel am Eingang gekennzeichnet. Zur Übernachtung ist eine „Camping Key Europe“-Karte erforderlich. Die Karte kostet 18 €, ist ein Jahr lang gültig und unter www.campingkeyeurope.com zu erwerben. Ein Verzeichnis aller offiziellen Campingplätze finden Sie unter www.daenischecampingplaetze.de. und www.eurocampings.de.
Die folgenden drei Plätze erhielten im Campingguide des ADAC den Titel „Superplatz“:

BØSØRE STRAND CAMPING

Bøsøre Strand Ferienpark, Bøsørevey 16, 5874 Hesselager, Tel. +45 62 25 11 45, info@bosore.dk, www.bosore.dk.
Zwischen Nyborg und Svendborg, Spielplatz mit Märchenmotiven, Märchenbadeland auf drei Etagen, Restaurant im Herrenhaus, Bar mit Live-Musik, Karaoke für Erwachsene,

Kino, Pferdehof, Kinderanimationsprogramm, Hüpfburg und Halfpipe. Es können auch Hütten oder Wohnwagen gemietet werden. Platzgebühr 80 DKK, Erw. 75 DKK/Tag, Kinder 50 DKK/Tag.

HVIDBJERG STRAND CAMPING
Hvidbjerg Strand Feriepark, Hvidbjerg Strandvej 27, 6857 Blåvand, Tel. +45 75 27 90 40, info@hvidbjerg.dk, www.hvidbjerg.dk.
Dieser Campingplatz an der Westküste hat den großen Vorteil, an einem der besten und kinderfreundlichsten Strände Dänemarks zu liegen. Auf dem kreideweißen Sand fahren keine Autos, es gibt keine starken Strömungen. Im seichten Wasser der Lagune können Kinder bedenkenlos planschen. Alternativ können Sie auch ein Campinghaus mieten. Platzgebühr 220 DKK, Erw. 75 DKK/Tag, Kinder 55 DKK/Tag, freier Eintritt ins Badeland.

KLIM STRAND CAMPING
Havvejen 167, 9690 Fjerritslev, Tel. +45 98 22 53 40, ksc@klimstrand.dk, www.klimstrand.dk.
In Nordjütland nahe Fjerritslev, direkt am Meer. In der Umgebung kann man wandern sowie Seehunde und Rotwild beobachten. Neben fantastischen Naturerlebnissen werden viele Aktivitäten für die ganze Familie und jedes Wetter geboten: Massagen, Sauna, Bierbad, Hallenbad, Beachvolleyball, eine 65 Meter lange Wasserrutsche im Freien, Islandpferde, Bocciafeld, Rollschuh- und Skateboardbahn sowie ein Tennisplatz. Die ganz Kleinen vergnügen sich auf den Spielplätzen, in der Hüpfburg, an der Kletterburg oder bei einer Kinderzugfahrt. Zudem gibt es ein Kinderanimationsprogramm, bei dem sich der Nachwuchs hervorragend amüsieren kann. Internetcafé und Fahrradverleih. Platzgebühr 145 DKK, Erw. 75 DKK/Tag, Kinder 55 DKK/Tag.
Bitte beachten Sie: Auch wenn die Dünen noch so einladend aussehen, Wildcampen ist in Dänemark verboten!

Diplomatische Vertretungen

BOTSCHAFT DER BUNDESREPUBLIK DEUTSCHLAND, *Stockholmsgade 57, 2100 Kopenhagen Ø, Tel. +45 35 45 99 00, Mo/Mi/Do/Fr 9-12, Di 13-16 Uhr.*
ÖSTERREICHISCHE BOTSCHAFT, *Sølundsvej 1, 2100 Kopenhagen Ø, Tel. +45 39 29 41 41, Mo-Fr 9.30-12 Uhr.*
SCHWEIZER BOTSCHAFT, *Richelieus Alle 14, 2900 Hellerup, Tel. +45 33 14 17 96, Mo-Fr 9.30-12.30 Uhr.*
Aus Sicherheitsgründen ist es nicht erlaubt, größere Gepäckstücke oder Kinderwagen in die Botschaften mitzunehmen.

Gemütliche Campinghütten

Fahrradfahren/Fahrradverleih
Dänemark ist ein Paradies für Radfahrer: Fast 10.000 Kilometer gut ausgeschilderte Radwanderwege bieten beste Voraussetzungen für Fahrradtouren für die ganze Familie. Viele i-Büros, Campingplätze, Jugendherbergen und Fahrradhändler vermieten Räder ab 25-60 DKK/Tag und 150-400 DKK/Woche. Der Standard der Räder ist in der Regel gut. Eventuell wird eine Kaution verlangt. Kinderfahrräder und -sitze sind fast überall zu haben. Infos zu Fahrradrouten und -karten finden Sie im Kapitel „Sport" auf S. 122.

Feiertage
Zusätzlich zu den großen christlichen Festen gibt es folgende Feiertage, an denen die Dänen freihaben und die Geschäfte geschlossen sind:
April: Gründonnerstag,
8. Mai: Großer Bettag
(Buß- und Bettag),
5. Juni: Nationalfeiertag
(Grundlovsdag).

Fundbüro
Für Fundsachen ist die Polizei zuständig. Rigspolitiet, Polititorvet 14, 1780 Kopenhagen V, Tel. +45 33 14 88 88.

Geld
Dänemark gehört nicht der Euro-Zone an. Münzeinheit ist weiterhin die Dänische Krone (DKK). Viele Geschäfte zeichnen ihre Waren jedoch auch in Euro aus. Im Umlauf sind Banknoten zu 1.000, 500, 200, 100 und 50 Kronen und Münzen zu 20, 10, 5, 2 und 1 Krone sowie 50 Øre. 1 Krone = 100 Øre, was in etwa 0,13 € entspricht (1 € = ca. 7,44 DKK, Stand 12/2017). Beim Umtausch wird eine Wechselgebühr von 20-35 DKK erhoben. Mit EC-, Master- oder VISA-Card können Sie an Automaten Geld abheben. Kreditkarten werden von allen Geldinstituten sowie vielen Hotels, Restaurants und größeren Geschäften akzeptiert. In vielen Geschäften werden inzwischen allerdings nur noch Kreditkarten mit Geldchip angenommen.

Klimatabelle Kopenhagen

	Jan	Feb	März	April	Mai	Juni	Juli	Aug	Sep	Okt	Nov	Dez
Wassertemperaturen in °C	3	2	3	4	7	12	16	17	15	12	8	6
Lufttemperaturen	2	2	4	8	14	18	20	20	16	12	7	4
Sonnenschein (in Std.) tgl.	1	2	4	6	9	9	8	7	6	3	1	1
Niederschlag (Tage/Monat)	11	7	9	7	7	7	8	8	9	10	12	11

Nummern, die Leben retten

Von Nymindegab nordwärts bis Skagen stehen am Strand sowie an dessen Zugängen alle 500 Meter Strandnummern auf grünen Schildern. Sie bestehen aus einem Buchstaben und zwei oder drei Ziffern (z. B. C 71). Brauchen Sie Hilfe bei einem Badeunfall, kann damit jede Notrufzentrale (Tel. 112) sofort den Unfallort lokalisieren und Retter unverzüglich an den richtigen Strandabschnitt schicken. Also: Nummern schon beim Gang an den Strand merken!

Klima
Dänemark weist ein ausgeprägtes Meeresklima mit mäßig warmen Sommern und relativ milden Wintern auf. Der Mittelwert der Höchsttemperaturen im Sommer beträgt 25,4 °C, hin und wieder klettert das Thermometer aber auch auf über 30 °C. Für den kältesten Monat Februar liegt die mittlere Minimumtemperatur bei 0,7 °C. Typisch sind schnelle Wetterwechsel und Westwind. Charakteristisch sind auch die langen, hellen Sommernächte von Mai bis August. Die Meerestemperatur beträgt im Sommer durchschnittlich 18-20 °C.

Medien
Einige lokale Rundfunksender senden von Mai bis Mitte September ein deutsch-dänisches Urlaubsprogramm. An allen Ferienorten werden deutsche Zeitungen und Zeitschriften verkauft. Über Satellit sind zudem deutsche Fernsehsender zu empfangen.

Medizinische Versorgung
Im Falle eines Unfalls oder einer Erkrankung sind Sie und Ihre Familie in Dänemark gut versorgt. Alle Reisenden haben Anspruch auf kostenlose Behandlung in dänischen Krankenhäusern. Außerhalb der normalen Sprechzeiten (8-16 Uhr) und am Wochenende können Sie sich an den nächsten ärztlichen Notdienst wenden. Unter www.laegevagten.dk oder den Telefonnummen (aus Dänemark) 1813 für Region Kopenhagen, 70 15 07 00 für Region Seeland, 70 11 31 31 für Region Mitteljütland, 70 15 03 00 für Region Nordjütland, 70 11 07 07 für Süddänemark, 75 16 32 22 für Insel Fanø und 63 52 30 90 für Insel Ærø finden Sie

Leihfahrräder gibt es in allen Urlaubsorten

die Notfallnummern Ihrer Urlaubsregion. Viele Hotels und Unterkünfte stehen zudem mit Ärzten in Verbindung und können Ihnen im Krankheitsfall weiterhelfen. Zu beachten ist, dass einige der in Deutschland verschreibungsfreien Medikamente in Dänemark nur auf Rezept erhältlich sind. Apotheken sind im Notfall auch bei der Suche nach einem geeigneten Arzt oder Zahnarzt behilflich.

Notrufe

Unter 112 erreichen Sie im Notfall gebührenfrei sowohl die Polizei als auch den Notarzt.
Für deutschsprachige Touristen hat der ADAC einen 24-Stunden-Notfalldienst unter Tel. +45 79 42 42 85 eingerichtet.

Öffnungszeiten

Geschäfte und Postämter sind Mo-Fr von 9/10 Uhr bis max. 19 Uhr, Do/Fr bis max. 20 Uhr, Sa bis max. 16 Uhr geöffnet. Die Öffnungszeiten sind den Inhabern überlassen und können von Ort zu Ort variieren. Banken und Sparkassen sind generell Mo-Mi und Fr 10-16 Uhr, Do bis 18 Uhr geöffnet. Samstagnachmittags und an Sonn- und Feiertagen haben in der Regel Bäckereien und Kioske geöffnet. In den Ferienorten haben die meisten Geschäfte während der Sommermonate gar keine Ruhetage und besonders lange Öffnungszeiten. Eine neue Regelung gestattet es allen Geschäften, am ersten Sonntag im Monat von 10 bis 17 Uhr zu öffnen.

Sprache

Die dänische Sprache wird von ungefähr 6 Millionen Menschen weltweit gesprochen. Ein Teil davon, ca. 50.000, leben in Schleswig-Holstein, wo Dänisch eine anerkannte Minderheitensprache ist.
Es handelt sich um eine nordgermanische Sprache, die viel Ähnlichkeit mit der schwedischen und vor allem mit der norwegischen Sprache hat. Aber auch deutsche Urlauber werden bekannte Wörter entdecken und mit ein bisschen Mühe können sogar Menükarten oder Straßenschilder verstanden werden. Generell gilt: Geschriebenes Dänisch ist deutlich einfacher für jemanden aus Deutschland zu verstehen als gesprochenes. Bei der dänischen Schreibweise fallen drei Buchstaben auf, die im deutschen Alphabet nicht vorkommen: æ wird gesprochen wie das deutsche ä, ø wie ö, å wie ein dunkles, offenes o. Außerdem wichtig zu wissen: hj und hv wird wie j und w gesprochen, y wie ü, egn wie a-in und ogn wie o-un.

Mit dem Hund am Strand

Kleiner Sprachführer

Zahlen:
1 – en, et
2 – to
3 – tre
4 – fire
5 – fem
6 – seks
7 – syv
8 – otte
9 – ni
10 – ti
Guten Morgen/Tag/Abend – god morgen/dag/aften
Gute Nacht – godnat
Auf Wiedersehen – farvel
Entschuldigung – undskyld
ja/nein – ja/nej
danke (sehr) – (mange) tak/tak for hjælpen
Bitte (sehr) – værs'go'
Das tut mir leid – Det er jeg ked af
Sprechen Sie Deutsch/Englisch? – Taler De tysk/engelsk?
Ich spreche nur ein bisschen Dänisch – Jeg taler kun lidt dansk
Ich verstehe es leider nicht – Jeg forstårr det desværre ikke
Ich heiße … – Jeg hedder …
Wie heißen Sie? – Hvad hedder De?
Helfen Sie mir! – Hjælp mig!
Ich möchte zahlen, bitte – Jeg vil gerne betale
rechts/links – højre/venstre
geradeaus – ligeud
geöffnet/geschlossen – åbent/lukket
Öffnungszeiten – åbningstider

Telefonieren

Die Vorwahl für Dänemark ist 0045 bzw. +45, gefolgt von einer 8-stelligen Teilnehmernummer. Die Vorwahl aus Dänemark für Deutschland lautet 0049, für Österreich 0043 und für die Schweiz 0041.
Seit 15. Juni 2017 sind Roaming-Gebühren innerhalb der EU per Gesetz abgeschafft. Generell kann man frei telefonieren und mit seinem Handy surfen.
Fragen Sie im Zweifelsfall Ihre Telefongesellschaft nach den technischen Besonderheiten im internationalen Roaming mit Dänemark.

Tiere

Laut EU-Regel müssen Tiere mittels eines Chips identifiziert werden können. Außerdem müssen die Tiere einen Impfausweis besitzen, der bescheinigt, dass eine Impfung gegen Tollwut vorgenommen wurde.
Hunde der folgenden Rassen dürfen nicht mit nach Dänemark gebracht werden:

- Pitbull Terrier
- Tosa Inu
- Amerikanischer Staffordshire Terrier
- Fila Brasileiro
- Dogo Argentino
- Amerikanische Bulldogge
- Boerboel
- Kangal
- Zentralasiatischer Ovtcharka
- Kaukasischer Ovtcharka
- Südrussischer Ovtcharka
- Tornjak
- Sarplaninac

Hunde sind an Dänemarks Stränden vom 1. April bis 30. September an der Leine zu führen.

Unterkünfte
Im familienfreundlichen Dänemark stehen zahlreiche kindgerechte Übernachtungsmöglichkeiten zur Auswahl. Neben den Campingplätzen (s. S. 100) – die vielfach auch Hütten oder Wohnungen vermieten – finden Familien vor allem bei Ferien auf dem Bauernhof nicht nur Unterkunft, sondern auch viele Freizeitaktivitäten (www.landreise.de).

FAMILY FARM FUN PARK
Lyngbyvej 86, Vittrup, 9480 Løkken, Tel. +45 98 99 64 40, family-farm@mail.dk, www.family-farm.dk
In Nordjütland in wunderschöner Umgebung liegt dieser Bauernhof mit angeschlossenem Streichelzoo. Neben zahmen Tieren locken Spielplätze mit Hüpfkissen und Riesenschaukel, ein See mit Tretbooten, Ponyreiten, Tischtennis und die Nähe zum Badestrand. Die Wohnungen sind 40 und 80 Quadratmeter groß. Die Küchen sind modern ausgestattet. Auf der zum Haus gehörenden Terrasse und im kleinen Garten kann gegrillt werden. 3.300/5.000 DKK/Woche.

LYKKEBJERG BAUERNHOFURLAUB
Jyderupvej 87, 4291 Ruds Vedby, Tel. +45 58 25 00 08, baunegaard_nielsen@mail.tele.dk, www.lykkebjergferie.dk
Auf Seeland betreiben Gitte und Niels Henrik Baunegaard-Nielsen den Lykkebjerg-Hof mit Milchkühen und Streicheltieren. Die Kinder sind beim Kälberfüttern dabei, toben im Stroh, streicheln die Pferde, geben den Hühnern Wasser und sammeln Eier. Ein Tennis- und ein Spielplatz mit Trampolin sind genauso vorhanden wie Tischtennisplatte, Tischfußball

Hotel Legoland

Ein ganz besonderes Highlight für alle Kinder ist zweifellos das **HOTEL LEGOLAND.** Es bietet nicht nur Erwachsenen alle Annehmlichkeiten, jedes Zimmer verfügt auch über ein vollständiges Kinder-Equipment. Außer den Standardzimmern gibt es Park-View-Familienzimmer mit Blick übers Legoland sowie Piraten-, Ritter- Ninja- und Prinzessinnen-Zimmer – für jeden Geschmack etwas.
Die Eltern schlafen derweil wie König und Königin im großen Doppelbett. In jedem Zimmer haust übrigens ein riesiger Drache aus 8.395 Steinen, der einen verborgenen Schatz hütet. In den Piraten-Zimmern schlafen Nachwuchsseeräuber in einer Koje mit Bullaugen. Überall im Hotel darf natürlich nach Herzenslust gespielt, gebastelt und gelacht werden – Tausende LEGO-Steine warten auf alle kleinen Baumeister. Anschließend kann sich die ganze Familie in den zwei hauseigenen Restaurants stärken.
Familienstandardzimmer ab ca. 2.800 DKK/Nacht, Themenzimmer ca. 4.000 DKK/Nacht inkl. Frühstück, Babybetten gratis. Hotel Legoland, Aastvej 10, 7190 Billund, Tel. 75 33 12 44, hotel@legoland.dk, www.hotellegoland.dk.

und Kinderbillard für schlechtes Wetter. Zu mieten sind ein Haus mit bis zu 10 Betten und Garten für 7.800 DKK/Woche und 4 Apartments für je 3.300 DKK/Woche.

Eine weitere kindgerechte Übernachtungsmöglichkeit bieten Familienherbergen. **DANHOSTEL-HERBERGEN** zeichnen sich vor allem durch ihre offene und zwanglose Atmosphäre aus. Kinder und Familien finden hier ebenso Platz wie Rucksackreisende und Senioren. Wenn Sie keinen internationalen Jugendherbergsausweis (Hostelling International Card) besitzen, können Sie vor Ort für 160 DKK einen erwerben. Er ist ein Jahr lang gültig, mitreisende Kinder unter 18 Jahren brauchen keinen eigenen Ausweis. Wollen Sie keinen Ausweis kaufen, zahlen Sie stattdessen eine Gästegebühr in Höhe von 35 DKK/ Person/Nacht. Die Preise variieren je nach Standard, Größe des Zimmers und Lage der Herberge. Informationen zu allen Herbergen in Dänemark finden Sie unter www.danhostel.dk.

ODENSE DANHOSTEL KRAGSBJERGGAARD
Kragsbjergvej 121, 5230 Odense M, Tel. +45 66 13 04 25, odense@danhostel.dk, www.danhostel.dk (Suchwort: Odense)
In Odense befindet sich die Kragsbjerggaard-Herberge in einem ehemaligen Herrenhaus, dessen Innenhof ein geschlossenes Areal bildet. Der Wald liegt nur wenige Schritte, das Stadtzentrum 2 Kilometer entfernt. Die Küche zur Selbstverpflegung ist 23 Std./Tag geöffnet. Draußen können Sie Boule und Tischtennis spielen, drinnen gibt es einen Aufenthaltsraum

Prinzessinnenzimmer im Legoland-Hotel

Kros sind bekannt für ihre Gastlichkeit

mit Fernseher und Internetanschluss. Auch Waschmaschine und Trockner stehen gegen Gebühr zur Verfügung, WLAN ist kostenlos. Eine Übernachtung im 4-Betten-Zimmer für 4 Personen knapp 545-600 DKK/ Nacht inkl. Frühstücksbuffet.

Wer es traditioneller mag, ist in einem **LANDGASTHAUS**, auf Dänisch **KRO**, gut aufgehoben. Die Wurzeln der Kro-Tradition reichen bis ins 12. Jahrhundert zurück, der Aufenthalt bietet ein besonderes Erlebnis für die ganze Familie. Tradition, Atmosphäre und Küche sind tief in der Region verwurzelt. Allein die Inneneinrichtung mancher Kros bringt jeden Antiquitätenfan zum Schwärmen.

FILSKOV KRO
Amtsvejen 34, Filskov, 7200 Grindsted, Tel. +45 75 34 81 11, filskovkro@ filskovkro.dk, www.filskovkro.dk
Filskov Kro in Jütland wurde im Jahr 1853 zur königlich privilegierten Schenke ernannt. Im Laufe der Zeit wurde der Gasthof mehrfach modernisiert. Seit vier Generationen ist er in Familienbesitz. Die Kleinen erfreuen sich am Swimmingpool und auf dem Spielplatz in der Nähe, die Großen spielen Tennis, Billard oder Golf. Der Löwenpark in Givskud liegt 20 Kilometer, LEGOLAND nur 15 Kilometer entfernt. Eine Nacht in einem der 10 Familienzimmer mit Dusche kostet 1.600-1.800 DKK je nach Saison inkl. Frühstück.

Eine dänische Besonderheit sind die **ØLEJR**, traditionelle Zeltlager auf neun Inseln, darunter Samsø, Omø oder Drejø. Gemeinschaft und soziales Beisammensein werden hier großgeschrieben. Man übernachtet in großen Gemeinschaftszelten, kocht und isst zusammen. Schlafsack und Unterlage müssen mitgebracht werden. Hunde sind nicht erlaubt! Meist steht das Zeltlager unter einem Thema, wie Volksmusik, Gauklerei, Sport, zu dem Aktivitäten stattfinden. Ideal für Familien! Preiswert ist der Insel-Zelturlaub auch: 2 Erwachsene + 2 Kinder zahlen für eine Woche inkl. Verpflegung ca. 3.200 DKK. Mehr Infos unter Tel. +45 70 22 55 81 oder www.oelejr.dk.

Umweltfreundliche Unterkünfte erhalten eine Auszeichnung. Das blaue Schild mit dem grünen Schlüssel kennzeichnet Anbieter, die auf ressourcenschonende Maßnahmen, ökologische Erzeugnisse und Mülltrennung achten. Eine Liste aller Unterkünfte mit dem Zertifikat für nachhaltiges Übernachten gibt es unter www.green-key.org.

Einkaufen & Mitbringsel

Der weltweit erfolgreichste dänische Exportschlager ist das Dansk Design. In Kunsthandwerk, Architektur und Industrie genießt es hohes Ansehen. Selbst die einfachsten Gebrauchsgüter kommen in Dänemark nicht ohne formschönes Design aus. Ein beeindruckendes Beispiel für dänisches Design ist das **HOTEL SAS ROYAL**, das der Architekt Arne Jacobsen (1902–1971) 1960 als erstes Hochhaus Kopenhagens – und als erstes Design-Hotel der Welt – baute *[Hammerichsgade 1, 1611 Kopenhagen]*. Im Hotelrestaurant isst man mit Besteck der Traditionsmarke Georg Jensen und in der Lobby steht der „Ei-Sessel", den Jacobsen speziell für das Hotel entwarf und der heute eine Design-Ikone ist. Die Oper in Sydney wurde übrigens auch von einem Dänen – Jørn Utzon – entworfen: Zunächst hatte das an Schiffssegel erinnernde Gebäude einiges Aufsehen erregt, aber inzwischen ist es sogar zum Wahrzeichen der Stadt geworden.

Design – museumsreif

Einen guten Überblick über dänisches Design bietet das Design Museum Denmark in Kopenhagen. Hier findet man nicht nur Dänemarks größte Sammlung an Industrie- und Möbeldesign sowie Kunstgewerbe, sondern auch viele Klassiker: Stühle von Børge Mogensen, Sessel von Poul Kjærholm und Lampen von Poul Henningsen. *Bredgade 68, 1260 Kopenhagen, Tel. +45 33 18 56 56, www.designmuseum.dk, Di-So 10-18, Mi 10-21 Uhr, Erw. ü. 26 J. 100 DKK.*

Dinieren wie die Königin

Auch wenn dänisches Design seinen Höhepunkt in den 1960ern erlebte, so kann doch Kunsthandwerk in Dänemark auf eine sehr viel längere

Im Designmuseum dreht sich alles ums Thema Gestaltung

Tradition zurückblicken. Die Kongelige Porcelainsfabrik gibt es seit 1775, ein halbes Jahrhundert später wurden die Holmegård Glaswerke und 1904 die Silberschmiede von Georg Jensen gegründet. 1985 fusionierte die königliche Porzellanfabrik mit den beiden anderen Firmen zu Royal Copenhagen, deren zeitlos schöne Produkte seitdem in die ganze Welt exportiert werden. Auf Kopenhagens bekannter Einkaufsmeile Strøget finden Sie das feine Porzellan mit den zarten blauen Mustern genauso wie die wunderschönen Gläser oder Schmuck und Besteck aus Silber aus dem Hause Royal Copenhagen. Moderneres dänisches Küchendesign stammt beispielsweise von Bodum und Rosendahl. Wie sich ein Klumpen geschmolzenes Glas in Trinkgläser, Vasen und Kunstobjekte verwandelt, kann man

Eine Glasbläserin bei der Arbeit

übrigens in der **GLASBLÄSEREI** in Roskilde beobachten *[Sankt Ibsvej 12, 4000 Roskilde, Tel. +45 46356536, www.glasgalleriet.dk, Mo-Fr 10-17.30, So 11-16 Uhr]*. Hier können Sie auch schöne Souvenirs kaufen!
Ein ungewöhnliches Mitbringsel für die Freunde zu Hause ist Wein aus Dänemark. Man sollte es nicht glauben, aber seit 2007 ist Dänemark offiziell von der EU als Weinbaunation anerkannt! Mittlerweile bauen 90 Winzer hauptsächlich die rote Rondo-Rebe an. Mit etwas Glück finden Sie in einem gut sortierten Supermarkt einen „Nordlund Sparkling Rose".

Coole Mode aus dem Norden
Dass aus Dänemark auch Mode kommt, die weltweit Beachtung findet, ist weniger bekannt. Kleidung dänischer Designer findet man in allen größeren Städten. Kopenhagens Fußgängerzone Strøget, der inoffizielle Laufsteg der Hauptstadt, bietet aber den besten Ausgangspunkt für eine Shopping-Tour auf der Suche nach modischer Bekleidung. Und da die Atmosphäre hier entspannt ist und auf dem Weg Cafés und Eisdielen locken, kann die modebewusste Mutter ihre Familie sicherlich zu einem Einkaufsbummel überreden. Auch in der angrenzenden Kronprinsensgade haben sich vielversprechende dänische Modedesigner niedergelassen. Namen wie Munthe und Simonsen sind in London oder Paris bereits Geheimtipps. In der Seitengasse Købmagergade liegen die beiden ältesten Einkaufszentren der Stadt: Illum und Magasin du Nord. Am Ende der sogenannten Kopenhagener Modestraße befinden sich

Dänemark macht modisch von sich reden

die Designerläden von Bruuns Bazaar und Stig P. Besonders interessant für Familien: das Label Noa Noa, das unter dem Namen Noa Noa Miniature Mode für Kinder und Jugendliche anbietet. Mittlerweile betreibt das Label mehrere Läden in ganz Dänemark, in Kopenhagen befindet sich eine Filiale im Magasin du Nord, eine weitere im Stadtteil Østerbro.

Leckereien für Groß und Klein
Auch kulinarisch hat Dänemark einiges zu bieten. Wer nach dem Urlaub daheim in kulinarischen Erinnerungen schwelgen möchte, nimmt zum Beispiel ein Döschen „danske leverpostej" (Leberpastete) oder ein Glas „sild marinerede" (eingelegter Hering) mit. Spirituosenspezialitäten wie der „akvavit" aus Aalborg sind leider recht teuer. Kinder freuen sich immer über dänische „lakrids". Einige der salzigen Lakritzsorten sind allerdings sehr stark und nicht für Kinder geeignet. Naschkatzen können in der Bonbonfabrik **SØMODS BOLCHER** in Kopenhagen dem königlichen Hoflieferanten bei der Produktion zusehen und eine Tüte Bonbons mit nach Hause nehmen *[Nørregade 24 u. 36b, 1165 Kopenhagen K, Tel. +45 33 12 60 46, www.soemods-bolcher.dk, Mo-Fr 9.15-19, Sa 10-18, So 11-18 Uhr]*. Und wissen Sie, was ein Spunk ist? Im Buch „Pippi in Taka-Tuka-Land" erfindet Pippi Langstrumpf dieses Wort spontan. Dann überlegt sie, was Spunk wohl bedeuten könnte. Dänemarks älteste Schokoladen- und Süßwarenfabrik, Galle & Jessen, kennt die Antwort: Ihre Lakritz-Drops in der kleinen schwarzen Schachtel heißen „Spunk" – genauso wie die Weingummis von Galle & Jessen, die allerdings in einer grünen Schachtel stecken.

Schokostadt Kopenhagen
Leckermäuler kommen in Dänemark nicht nur bei süßen Backwaren wie dem „wienerbrød" (Kopenhagener), sondern auch bei Schokolade auf ihre Kosten. Dänische Chocolatiers zaubern aus den braunen Bohnen unwiderstehliche Kleinstkunstwerke. In vielen Läden der Hauptstadt wird selbst gemachte Qualitätsschokolade verkauft. Seit 1930 liegt zum Beispiel am Kongens Nytorv der Laden **ALIDA MARSTRAND**, in dessen Hinterraum das braune Gold produziert wird *[Bredgade 14, 1260 Kopenhagen K, Tel. +45 33 15 13 63, www.alida-marstrand.dk]*. Bei **PETER BEIER CHOKOLADE** werden kleine Schokogerichte wie Schokoladenfondue und selbst kreierte Getränke gereicht *[u. a. Skoubougade 1, 1158 Kopenhagen K, Tel. +45 33 93 07 17, www.pbchokolade.dk]*.

Kunterbunte Himmelsstürmer beim Kitefestival auf Fanø

Festkalender

Besonders in den Sommermonaten finden überall in Dänemark allerhand Feste und Feierlichkeiten statt, an denen sich sowohl Kinder als auch Erwachsene erfreuen können. Höhepunkt ist sicherlich das Sommerwendfest, an dem selbstverständlich auch die Jüngsten die kürzeste Nacht des Jahres über aufbleiben dürfen. Mittsommer ist gleichzeitig der Beginn der sechswöchigen dänischen Sommerferien. Musik- und insbesondere Jazz-Freunde werden in Dänemark das gesamte Jahr über gut bedient. Erwähnenswert ist das Vinter Jazz Festival im Februar, wo in über 40 dänischen Städten (und sogar auch in Flensburg) mehr als 200 Konzerte stattfinden (www.jazz.dk).

April

Am 16. April hat Königin Margrethe II. Geburtstag. Das dänische Staatsoberhaupt nimmt an diesem Tag die Parade der Palastwache ab und winkt mittags vom Balkon des Schlosses Amalienborg den Gratulanten auf der Straße zu.

Mai

Die Wikinger kehren zurück! Anfang Mai wird jedes Jahr vom Wikingerzentrum in Ribe ein historischer Markt abgehalten. Über 200 Handwerker zeigen, wie früher Schmied und Töpfer gearbeitet haben, und es finden Wettbewerbe im Bogenschießen und Wikingertanz statt.
Nordeuropas größter Karneval findet Mitte Mai in Aalborg statt. 4 Tage lang wird gefeiert, was das Zeug hält. Und an einem Tag feiern die Kinder ihren eigenen Karneval (www.karnevaliaalborg.dk).
Nicht minder bunt ist der dreitägige Karneval, der zu Pfingsten in Kopenhagen stattfindet. Auf mehreren Bühnen im Park spielen dann über 80 Bands lateinamerikanische Rhythmen für 100.000 Narren aus aller Welt (www.karneval.dk).

Dänische Feiertage

Neujahr – 1. Januar
Gründonnerstag – Donnerstag vor dem Osterfest
Karfreitag
Ostersonntag – Sonntag nach dem ersten Frühlingsvollmond
Buß- und Bettag – vierter Freitag nach dem Ostersonntag
Christi Himmelfahrt – 39 Tage nach dem Ostersonntag
Pfingstsonntag – 49 Tage nach dem Ostersonntag
Pfingstmontag – 50 Tage nach dem Ostersonntag
1. Weihnachtsfeiertag – 25.12.
2. Weihnachtsfeiertag – 26.12.

Juni
Mitte Juni lassen jedes Jahr bis zu 4.000 Kite-Flyer Tausende von Flugdrachen in allen Formen und Farben über den Strand auf Fanø fliegen. Ein buntes Begleitprogramm bietet Unterhaltung für die ganze Familie (www.kitefliersmeetingfanoe.de). Am 23. Juni feiern die Dänen die Sommersonnenwende. Das ursprünglich heidnische Fest fällt mit dem christlichen Fest Johannes' des Täufers zusammen. So wird am Abend vor dem Johannistag überall im Land Sankt Hans Aften begangen. An den Stränden werden große Feuer entzündet und die Küste erstrahlt im Widerschein des flackernden Lichts. Im Binnenland wird an öffentlichen Plätzen und in Parks gefeiert, vielfach werden Fackel- und Laternenumzüge veranstaltet. Besonders stimmungsvoll ist das Mittsommerfest in Skagen am alten Leuchtfeuer Vippefyret. In Nørresundby nördlich von Aalborg wird schön gruselig auf dem Wikingergräberfeld Lindholm Høje gefeiert.

Juli
Mitte Juli feiern in Nordby auf Fanø die Inselbewohner ein Wochenende lang ein traditionelles Volksfest. In farbenfrohe historische Trachten gekleidet ziehen die Einheimischen am Samstag durch die Stadt (www.fannikerdagen.dk). Der wohl älteste Wikingermarkt der Welt findet seit 1977 Ende Juli alljährlich am Strand von Moesgaard südlich von Århus statt. Etwa 600 Nordmänner aus ganz Europa kommen zu dem Großereignis und werden von 20.000 Schaulustigen bestaunt. Die

Ein Feiertag, der offiziell keiner ist

Der **GRUNDLOVSDAG** (Tag des Grundgesetzes) ist der dänische Nationalfeiertag am 5. Juni. Er ist allerdings kein arbeitsfreier Feiertag. Trotzdem schließen viele Geschäfte und Behörden an diesem Tag ganz oder früher. Bereits nach der Einführung der dänischen Verfassung am 5. Juni 1849 wurden an den Jahrestagen größere Versammlungen und Feste abgehalten. Seit den 1870er-Jahren wird der Grundlovsdag zunehmend auch für parteipolitische Versammlungen genutzt.

vom Moesgaard Museum organisierte Veranstaltung ist mit ihren Schmieden, Handwerkern und Island-Ponys eine der authentischsten ihrer Art. An 2 Tagen finden jeweils um 12 und 15 Uhr Schaukämpfe statt, bei denen sich 300 Krieger gegenüberstehen. Nichts für schwache Nerven! Auf dem Markt wird Kleidung und Silberschmuck, gegrilltes Lamm und Brot nach Originalrezepten verkauft (www.vikingetraeffet.dk).

August

Ende August strömen Ritter, Gaukler, Pilger, Musiker, Mönche und Bauern zum Mittelalterfestival in Horsens und versetzen die kleine Stadt in Ostjütland zurück in die Vergangenheit. In hitzigen Turnieren kämpfen auf dem Rathausplatz Ritter hoch zu Ross mit Schwert und Lanze um die Gunst der schönen Jungfrauen. 2 Tage lang bestimmen bunte Trachten und Umzüge, Gaukler und Ablasshandel, Straßenmädchen und Bettler das Bild der Stadt. Nach Anbruch der Dunkelheit erleuchten Fackeln die Buden und Werkstätten. Für das leibliche Wohl gibt es Spanferkel und ganze Ochsen am Spieß (www.middelalderfestival.dk). An 4 Tagen über das letzte Augustwochenende findet jedes Jahr eines der größten Folk-Musik-Festivals Europas in Tønder, Süddänemark, statt. Die internationalen Größen der Folk-Szene spielen auf 9 Bühnen. Im Gegensatz zu anderen Festivals ist es möglich, für jedes einzelne Konzert Tickets zu erwerben. Kinder unter 12 Jahren in Begleitung Erwachsener haben freien Eintritt (www.tf.dk). In Kopenhagen dreht sich an 10 Tagen im August alles ums Essen. Dänemarks größtes Koch-Event Copenhagen Cooking setzt die traditionelle und die moderne nordische Küche

Alles Knolle, oder was?

Früher bekamen Schüler auf dem Land eine Woche frei, um bei der Kartoffelernte zu helfen. Heute fallen die Herbstferien, die in Dänemark aber immer noch „Kartoffelferien“ genannt werden, in die 42. Kalenderwoche Mitte Oktober. Statt auf dem Feld zu ackern, besuchen Kinder nun mit ihren Eltern Museen und andere Attraktionen, die ein besonderes Ferienprogramm anbieten. In Otterup auf Fünen ehrt übrigens ein ganzes Museum den Erdapfel. *Hofmansgavevej 25, 5450 Otterup, Tel. +45 64 82 19 49, www.kartoffelmuseum.dk.*

Wikingertreff in Moesgaard

gekonnt in Szene, und zwar nicht nur in Restaurants, sondern auch auf der Straße und im Tivoli (www.copenhagencooking.com).

Frederikshavn feiert den Kriegshelden Tordenskiold

September

Anfang September ehrt Frederikshavn den See- und Kriegshelden Peter Wessel Tordenskiold, der bei einem Duell im Jahr 1720 umkam. Mehr als 1.000 Laiendarsteller stellen an diesem Tag ein Kapitel aus Frederikshavns Stadtgeschichte nach (www.tordenskiold.dk). Am ersten Wochenende im September findet auf Rømø traditionell ein internationales Drachenfestival statt, bei dem mehr als 1.000 bunte Fantasievögel aus Kunststoff den Himmel bevölkern. Da der Strand von Rømø mit dem Auto befahrbar ist, können die Drachen am Wagen befestigt werden (www.danskdrageklub.dk). Ebenfalls im September bietet der stimmungsvolle Wikingermarkt in Ishøj in der Nähe von Kopenhagen neben Marktständen und Kunsthandwerk vor allem auch die Möglichkeit, die am Strand ankernden Wikingerschiffe zu besichtigen. Der Eintritt kostet 40 DKK für Erwachsene (www.ishojvikingemarked.dk).

Oktober

Am Freitag der zweiten Oktoberwoche findet in Kopenhagen, Århus, Aalborg, Horsens, Frederiksværk und Esbjerg die „Kulturnatten" statt. In dieser Nacht der Kultur haben Museen, Galerien, Bibliotheken und andere Kultureinrichtungen bis Mitternacht geöffnet und bieten ein umfassendes Programm für Groß und Klein (www.kulturnatten.dk). Diese Nacht bildet gleichzeitig den Auftakt zu den Kartoffelferien (s. Kasten S. 114).

November/Dezember

In der Vorweihnachtszeit ist das Freilichtmuseum Den Gamle By in Århus mit schönstem Adventsschmuck verziert und präsentiert Weihnachtsbräuche aus vergangenen Jahrhunderten (www.dengamleby.dk). Sehr „hyggelig" (gemütlich)!
Auch der Vergnügungspark Tivoli in Kopenhagen ist zu dieser Jahreszeit stimmungsvoll beleuchtet und beschert Touristen mit „Jul i Tivoli" ein vorweihnachtliches Vergnügen (www.tivoli.dk).

Flora & Fauna

Dänemark bildet die Brücke zwischen Europa und Skandinavien. Erdgeschichtlich und pflanzengeografisch gehört das Land zwischen den Meeren allerdings zu Mitteleuropa und nicht zu Skandinavien. Daher überwiegen im Süden die Laubbäume, während in Mitteljütland, wo sich Fichten sehr wohlfühlen, der Übergang zu der in Nordeuropa vorherrschenden Nadelwaldzone deutlich wird. Bedingt durch die Eiszeit unterteilt sich das dänische Festland landschaftsgeografisch in zwei Gebiete: Im kargeren, flachen Westen dominieren Einzelgehöfte, die anspruchslose Pflanzen wie Hafer, Roggen, Steckrüben und Kartoffeln kultivieren, im Osten und Norden erstreckt sich dagegen eine fruchtbare lehmige Hügellandschaft mit größeren Dorfsiedlungen. Hier werden überwiegend Gerste, Weizen und Zuckerrüben angebaut.

Wanderdünen bei Rubjerg Knude

Küste, Dünen, Meer

Das Inselreich Dänemark besteht aus 406 Eilanden, von denen 90 Prozent bewohnt sind. Kein Ort in Dänemark ist weiter als 52 Kilometer vom Meer entfernt! Insgesamt ist die Küste 7.500 Kilometer lang und weist in den verschiedenen Landesteilen unterschiedliche Charakteristika auf: In Südwestjütland ist sie geprägt von weiten Marschlandschaften, den westjütischen Meeresrand säumt ein Dünengürtel, während die Insel Møn mit Kliffküsten und Kreidefelsen und die Insel Ærø mit einer Steilküste beeindrucken. Eine geologische Ausnahme bildet Bornholm: Auf der Granitlandschaft mit der Felsküste in der Ostsee gedeihen Orchideen und Anemonen, die eigentlich im Mittelmeerraum beheimatet sind.

Faszinierend ist die Dünenlandschaft. Die Sandhaufen wandern, wohin der Wind sie weht. Inzwischen hat der Mensch ihre Wanderung jedoch zum Stillstand gebracht. Nur bei Råbjerg Mile und Rubjerg Knude in Nordjütland wandern die letzten Dünen Dänemarks jährlich 5 bis 15 Meter gen Osten. Das Flugsandmuseum am Leuchtturm von Rubjerg Knude haben die mobilen Sandhügel – nachdem zunächst die Tür zugeweht war und Besucher durch ein Loch in der Wand hineinklettern mussten – 2002 vollständig unter sich begraben!

Dünen stellen aber nicht nur riesige Sandhaufen dar, sie sind auch Wohnraum für Pflanzen wie Seegras, Binsen, Zwergweiden, Strandroggen und -hafer, Dünenrose und Stranddistel.

Die höchste Erhebung Dänemarks ist übrigens mit 173 Metern der Yding Skovhøj in Ostjütland.

Kultur- und Naturlandschaft

Dänemark besteht zum größten Teil aus Kulturlandschaft. Landwirtschaft wird hier seit 4000 v. Chr. betrieben, drei Viertel der Landesfläche sind heute Ackerland, Siedlungsfläche und Naturlandschaft teilen sich den Rest. Eine ursprüngliche Landschaftsform ist beispielsweise der Buchenwald auf Møn samt seiner Begleitflora wie Buschwindröschen, Leberblümchen und Bärlauch.

Außer Buchen wachsen in Dänemark Birke, Ahorn, Eiche, Linde und Ulme; verbreitete Nadelbäume sind Tannen, Fichten und Kiefern. Aktuell sind nur rund 10 Prozent des Landes bewaldet. Im Rahmen eines umfassenden Renaturierungsprogramms soll aber innerhalb der nächsten 100 Jahre der Waldbestand auf 20 Prozent verdoppelt werden. Den größten zusammenhängenden Wald bildet das 80 Quadratkilometer messende Naturgebiet Rold Skov in Himmerland in Nordjütland. Hier, nahe der Stadt Skørping, liegt auch der 1912 gegründete Rebild-Nationalpark. Charakteristisch für dieses Gebiet sind weite, einsame Landstriche, die sich mit hügeligen Wald- und herben Sumpflandschaften abwechseln.

Verbreiteter als Wald ist in Dänemark die Heide. Heidekraut bedeckt etwa ein Viertel Jütlands und steht teilweise unter Naturschutz.

Tierische Bewohner

Da Dänemark landwirtschaftlich stark genutzt wird und dicht besiedelt ist, sieht man nicht allzu viele Tiere in freier Wildbahn. Die größten freilebenden Vierbeiner sind Rehe, Rot- und Damhirsche, die sich die

Nationalvogel: der Höckerschwan

Wälder Jütlands mit Füchsen und Dachsen teilen.

Bemerkenswert ist die Vielzahl an Vogelarten, die im Königreich heimisch sind. Von den 333 Arten sind 160 Brutvögel. Specht, Singdrossel, Rotkehlchen, Meise, Buchfink, Amsel und Star ziehen regelmäßig durch dänische Lüfte. An der Küste geben sich Zug-, See- und Sumpfvögel ein Stelldichein und in Marschgebieten mit Röhricht haben sich Rohrdommel, Rothalstaucher und Rohrweihe häuslich eingerichtet. Darüber hinaus können Vogelfreunde Zwergschwäne, Ringelgänse, Pfeifenten, Lach- und Silbermöwen, Säbelschnäbler, Brand- und Küstenseeschwalbe beobachten.

Dänemark ist das Land der Schwäne – und sehr demokratisch. 1984 wählten die Dänen in einer Abstimmung kurzerhand die Feldlerche als Nationalvogel ab und ernannten statt ihrer den Höckerschwan. 1926 zählte man nur vier einsame Paare dieser Vogelart, dank eines Schutzprogramms gibt es heute aber bereits wieder über 4.000 brütende Pärchen. Zum Überwintern sind die flachen dänischen Gewässer bei Schwänen aus ganz Nordwesteuropa überaus beliebt: Etwa 75.000 der weißen Schwimmvögel mit den orangeroten Schnäbeln finden sich hier ein.

Überhaupt bietet das Wasser dem Großteil der dänischen Tiere ein Zuhause. In der Nordsee leben 1.500 Arten, in der Ostsee 200. Die Bandbreite schwimmender Kreaturen reicht von Tümmler und Robbe über Kabeljau, Hering und Scholle bis hin zu Mies- und Herzmuschel, Krebs, Seestern, Schnecke, Qualle und Wasserfloh.

Reservate und Naturschutzgebiete
Im Norden Jütlands befinden sich der größte Wald, die wasserreichsten Quellen, Flüsse und Hochseen sowie die größten Heideflächen des Königreichs. Im Grenzgebiet zwischen Thy und Hanherred in Jütlands Norden liegt Vejlerne, das mit 6.000 Hektar größte Vogelreservat Nordeuropas. Dieses Paradies für Vögel wurde durch ein misslungenes Entwässerungsprojekt geschaffen. Menschen haben keinen direkten Zugang, aber von Vogeltürmen aus oder über Wanderstege kann man das Gebiet erkunden. Um den Limfjord gruppieren sich artenreiche Brack- und Süßwasserbiotope, in denen auch Otter ihr Revier haben. Die Region zwischen Agger Tange und Hanstholm wurde im August 2008 als Nationalpark Thy zum ersten Nationalpark Dänemarks ernannt (www.nationalparkthy.dk). Das Naturschutzgebiet Mols Bjerge umfasst die gleichnamige von der Eiszeit geformte Hügellandschaft auf der ostjütländischen Halbinsel Djursland. Wälder, Moore, Strände und Strandwiesen prägen diese einmalige Naturlandschaft. Der erst kürzlich eingerichtete Nationalpark Skjern Å in Westjütland liegt am gleichnamigen Fluss, der gerade aufwendig renaturiert wird. In dem Heidemoor leben bedrohte Pflanzen und Tiere wie Skjern-Å-Lachse und Otter. Das größte dänische Naturschutzgebiet ist das Wattenmeer vor der südlichen Westküste Jütlands, das im Frühjahr 2009 den Rang eines Nationalparks erhalten hat. Das Gebiet um die Inseln Fanø, Mandø und Romø wird bei Flut überspült und ist bei Ebbe begehbar. In dem empfindlichen Ökosystem erholen sich im Herbst und Frühjahr 10 bis 12 Millionen Zugvögel wie Austernfischer, Seeschwalben und Sandregenpfeifer. Auf den umliegenden Salzwiesen wachsen Queller, Schlickgras, Strandflieder und die Salzaster. Scholle und Dorsch laichen hier. Und nicht zu vergessen: Das Wattenmeer ist vor allem auch die Kinderstube für Seehunde.

Märchenwald im Nationalpark Mols Bjerge

Geschichte

Prähistorischer Reichtum
Bei Hejlsminde in Südjütland wurden die ältesten Nachweise menschlicher Aktivität auf dänischem Boden gefunden. Die 200.000 Jahre alten Waffen und Handkeile gehörten vereinzelten eiszeitlichen Jägern.
Ab 4000 v. Chr. werden die Urdänen dauerhaft sesshaft und beginnen, Ackerbau zu betreiben. Sie pflegen eine besondere Bestattungskultur. Ihre Hünengräber, von denen heute noch ca. 20.000 erhalten sind, prägen noch immer das Landschaftsbild.
Bei Fjends in Mitteljütland kann man ein eindrucksvolles, 185 Meter langes Langgrab besichtigen.
In der Bronzezeit werden Tote in Eichensärgen bestattet, die von hochstehenden Steinen geschützt werden. Viele der bis zu 20 Meter hohen Hügelgräber sind noch erhalten. Aus dieser Zeit stammen Grabbeigaben wie der bronzene Sonnenwagen aus dem Jahr 1500 v. Chr. Siedlungen aus der nachfolgenden Eisenzeit (500 v. bis 700 n. Chr.) sind in Hodde/Jütland erhalten geblieben.

Runenstein im Nationalmuseum in Jelling

Flagge zeigen

Die dänische Flagge, „Dannebrog“ genannt, ist eine der ältesten Nationalflaggen der Welt. Der Legende nach ist sie Valdemar II. am 15. Juni 1219 in der Schlacht bei Reval gegen die Esten erschienen. Wenn dieses Banner wehe, dann werde Dänemark siegen. Valdemar siegte – und seitdem halten die Dänen ihre Flagge in Ehren und feiern sie jedes Jahr am 15. Juni, dem Valdemarsdag. Das Hissen fremder Nationalflaggen auf dänischem Boden ist übrigens gesetzlich verboten!

Wikinger erobern die Welt
Mit dem blutigen Überfall auf das englische Kloster Lindisfarne 793 n. Chr. beginnt die Ära der Wikinger. Gorm der Alte vereinigt die einzelnen Kleinkönigreiche unter seiner Herrschaft und begründet die dänische Herrscherdynastie – die älteste Europas. Sein Sohn Harald Blauzahn erweitert die Grenzen des Landes um Norwegen und Teile Südschwedens und christianisiert es. Die Wikinger unternehmen Eroberungszüge nach Westeuropa, Russland, Nordafrika

und über den Nordatlantik. Sie errichten Handelszentren und Kolonien und erschließen neue Siedlungsgebiete. Sogar in Oberitalien fallen sie ein, wo sie als „wilde Horden vor Rom" in die Geschichte eingehen. 1013 erobern dänische Wikinger England. Die wilden Nordmänner vermischen sich mehr und mehr mit den Einheimischen, bis Mitte des 11. Jahrhunderts (1066) ihre Macht endet. Zeugnisse dieser spannenden Epoche sind die wiedererrichtetenWikingerburgen in Trelleborg und Fyrkat. Das Museum in Roskilde zeigt die genial konstruierten Drachenschiffe (s. S. 92). In Lindholm Høje bei Aalborg liegt ein beeindruckendes Gräberfeld mit den Totenstätten in bootsförmigen Steinfassungen.

Margrethe und der Drei-Staaten-Bund

Im 11. Jahrhundert hält die römisch-katholische Kirche Einzug in Dänemark, Kirchen und Klöster entstehen. Großgrundbesitzer verpachten ihr Land, größere Siedlungen erhalten Privilegien und werden zu „Kaufstädten" (das „købing" in Städtenamen ist ein Relikt dieser Zeit). Kopenhagen wird um 1160 gegründet, weitere Städte mit Handelsrecht, Zünften und Gilden folgen. Die „glückliche Zeit der Valdemare" (1157–1241) beginnt. Unter Valdemar dem Großen erlebt das Land eine Blütezeit: Das Reichsgebiet erstreckt sich bis nach Estland und Norddeutschland, Lübeck, Wismar, Rostock und Rügen sind dänisch. Valdemar Atterdaags Tochter Margrethe heiratet den norwegischen König. Nach dessen Tod ist sie Herrscherin über Dänemark und Norwegen. Die Union von Kalmar 1397 besiegelt die Vereinigung mit Schweden. Im Zuge der Reformation wird Christian III. Kirchenoberhaupt der „Folkekirke". Landwirtschaft und Städte wachsen, die vielen Herrenhöfe und Bürgerhäuser stammen aus der Zeit um 1600. Wachstum und Wohlstand unter dem beliebten König Christian IV. werden gestört von den dänisch-schwedischen Kriegen zwischen 1563 und 1613. Nach weiteren Schlachten verliert Dänemark 1660 Südschweden.

Beinharte Burschen

300 Jahre lang verbreiteten die Wikinger Angst und Schrecken. In ihren wendigen Booten fuhren sie flussaufwärts bis nach Hamburg und Köln. Brave Händler zahlten das berüchtigte „Danegeld" – ein Schutzgeld. Der berühmteste der 2 Millionen Wikinger ist Leif Eriksson. Er segelte bis nach Neufundland, lange bevor Kolumbus Amerika erreichte! Die Nordmänner und -frauen erfanden den Schlittschuh aus Knochenkufen, sie kannten aber keine Tische und Stühle. Fiel ein Krieger auf dem Schlachtfeld, glaubte man, er komme nach Walhall, wo der Met in Strömen fließe. Haithabu in Schleswig-Holstein war die größte Wikingersiedlung. Dort verkauften sie auch Sklaven, die sie auf Streifzügen erbeutet hatten. 1066 brannte Haithabu nieder.

Zeitreise im Ribe VikingeCenter (s. S. 82)

Absolutismus, Aufklärung und zwei Weltkriege

Auch der absolutistische Herrscher Frederik III. kann die verlorenen Gebiete nicht zurückerobern. Nach dem Großen Nordischen Krieg (1709–1720) wird Schweden endgültig unabhängig. Die folgende Friedenszeit befördert Handel, Schifffahrt und Reformen. Dänemark wird in die Napoleonischen Kriege hineingezogen, als die Briten Kopenhagen angreifen. Mit der Niederlage des Verbündeten Frankreich muss Dänemark 1814 Norwegen abtreten. Revolutionsideen erreichen das Land. Die Verfassung vom 5. Juni 1849 begründet die konstitutionelle Monarchie und räumt den Bürgern größere Freiheiten ein. Quasi über Nacht wird Dänemark eines der demokratischsten Länder Europas.

Der nationalistische Gedanke erfasst auch die Herzogtümer Schleswig, Holstein und Lauenburg, die ihre Unabhängigkeit fordern. Die Schleswigschen Kriege, nachdem Preußen und Österreich Dänemark 1864 den Krieg erklären, bringen letztlich den Verlust der Gebiete.
Um die Wende zum 20. Jahrhundert gedeiht die dänische Wirtschaft. Die letzte dänische Kolonie in Übersee, Dänisch-Westindien, wird 1917 an die USA verkauft und Nordschleswig geht zurück an Dänemark. Im Zweiten Weltkrieg endet Dänemarks Neutralität mit der Besetzung durch deutsche Truppen im April 1940. Die Führung kooperiert, sodass Verwaltung und Rechtswesen in dänischer Hand bleiben.

Dänemark heute

1944 löst sich Island von Dänemark, die Färöer und Grönland folgen in die Unabhängigkeit. Das NATO- und UN-Gründungsmitglied ist seit 1973 auch Mitglied der Europäischen Gemeinschaft. In einem Referendum lehnen die Dänen 2001 den Beitritt zur Euro-Zone jedoch ab.
Im selben Jahr erlebt das bis dahin sozialdemokratisch regierte Land einen Rechtsruck. Unter Ministerpräsident Lars Løkke Rasmussen regiert nun eine liberal-konservative Koalition die rund 5 Millionen Dänen. Staatsoberhaupt ist seit 1972 Königin Margrethe II.
Obwohl der einstige Wohlfahrtsstaat mit jahrelanger Vollbeschäftigung nach und nach in die Krise gerät, weist Dänemark immer noch einen hohen Lebensstandard auf und zählt zu den reichsten Ländern der Welt.

Beim Bootsangeln gehen dicke Fische an den Haken

Sport

Dänemark bietet zahlreiche Möglichkeiten zur sportlichen Betätigung für Groß und Klein. Bäche, Seen, Wälder und Meer machen Lust auf Angeln, Radfahren, Golfen, Reiten, Segeln, Surfen und Wandern.

Petri Heil!
Das Meer um Dänemark gilt als eines des fischreichsten Europas. Mekka für Hochseefischer ist das Gelbe Riff in Nordjütland. Dorsch, Meerwolf, Plattfische, Makrele, Pollack, Köhler, Lengfisch, Hornhechte und Heringe beißen hier an. Bornholm ist bekannt für Trolling- oder Schleppangeln und bis zu 20 kg schwere Lachse. Beschaulicher sind die Binnengewässer: Hier gehen Hecht, Zander, Barsch, Äschen und Bachforellen an die Angel. Auch Moorgewässer und Kanäle sind gute Fischreviere. Salzwasserangeln ist in Fjorden, Buchten, an Buhnen, Sandstränden, Molen- und Kaianlagen möglich. Erwachsene brauchen einen Angelschein, der auf www.fisketegn.dk (185 DKK/Jahr, 130 DKK/Woche, 40 DKK/Tag) erhältlich ist. Ausführliche Informationen zu Schonzeiten, Mindestmaßen und Bootsverleih findet man unter www.visitdenmark.de.

Unterwegs auf dem Drahtesel
Auf mehr als 10.000 Kilometern führen 12.000 gut beschilderte Radwege durch das radlerfreundliche Land. Der Verband Dansk Cyklist Forbund (www.cyklistforbundet.dk) hat Fahrradkarten für alle Regionen auf Deutsch herausgegeben, mit ausführlichen Routenbeschreibungen, Stadtplänen und Adressen. Die Cykelkort gibt's für 149 DKK beim **DANSK CYKLIST FORBUND** *[Rømersgade 5, 1362 Kopenhagen K, Tel. +45 33 32 31 21]*.

Friday Night Skate

Alle zwei Wochen im Sommer findet in Kopenhagen ein riesiges Skate-Event statt: 500 bis 1.500 Menschen, teilweise in bunten Verkleidungen, fahren mit ihren Skates auf einer Route von rund 20 Kilometern mitten durch die Innenstadt. Das Ganze ist gut organisiert: Motorradfahrer vor und hinter der Meute schaffen Abstand zum Verkehr, Blocker behalten Skater und Autos im Auge und bestimmen das Tempo, Flying Nurses leisten Erste Hilfe, falls sich jemand verletzt. Fahren Sie doch einfach einmal ein Stück mit – es ist eine gute Gelegenheit, die Stadt von einer anderen Seite zu erleben. *14-tägig freitags, Start 20 Uhr am Solbjerg Plads, Frederiksberg. Termine unter www.fns-cph.dk/en.*

Der Dänische Radfahrer Verband hat acht Bücher mit ausführlichen Routenbeschreibungen, Stadtplänen und Adressen in deutscher Sprache herausgegeben. Für 16,50 € pro Buch sind sie beim Dansk Cyklist Forbund oder bei Visit Denmark erhältlich (daninfo@visitdenmark.com oder im Onlineshop unter www.1905.dk/kort-og-boeger/danmark.html) Fahrradfahrer, die älter als 15 Jahre sind, dürfen bis zu 2 Kinder unter 8 Jahren in einem Kindersitz mitnehmen. Im Anhänger dürfen bis zu 2 Kinder transportiert werden. Helmpflicht besteht nicht.

Handicap, Par und Green Fee

Das milde Klima und die sanfte Hügellandschaft Dänemarks sind ideal fürs Golfen. Auf den 160 Anlagen sind Gäste immer willkommen. Die Green Fee ist günstig, da Golf in Dänemark beinahe ein Volkssport ist. Jedes Jahr finden Amateurturniere statt, bei denen auch Touristen gern gesehen sind. Einer der schönsten und ältesten Golfclubs Dänemarks, der Turniere für alle Altersgruppen anbietet, ist der **FALSTER GOLFKLUB** *[Virketvej 44, 4863 Eskilstrup, Tel. +45 54 43 81 43, www.falster-golfklub.dk]*. 250 Golfer finden sich jährlich zum Turnier in Nordjütland ein, wo Wald, Dünen und unebenes Gelände für Abwechslung sorgen *[Himmerland Golf & Country Club, Centervei 1, 9640 Farso, Tel. +45 96 49 61 00, www.himmerlandgolf.dk]*. Das Golf Open auf Bornholm ist besonders bei deutschen Golfern sehr beliebt

Wunderland für Radfahrer

[Bornholm Velkomstcenter, Nordre Kystvej 3, 3700 Rønne, Tel. +45 56 95 95 00, www.golfbornholm.dk]. Und während sich die Großen für Golf begeistern, lieben Kinder die Miniaturvariante. Auf vielen Campingplätzen findet man auch Minigolfplätze.

Hoch zu Ross
Wer Dänemark auf dem Rücken eines Pferdes erkunden möchte, muss nicht einmal reiten können. Die zahlreichen Reitzentren und -schulen bieten Wochenaufenthalte und Unterricht. Sie können aber auch zu einer Planwagenfahrt aufbrechen. Ihre Kinder werden begeistert sein! Auch Bauern- oder Ponyhöfe vermieten Reittiere. Da Reiten sehr beliebt ist, sind die Schulen dicht gesät. Mietpreise liegen bei 100-250 DKK/Std., abhängig von Pferdegröße und Unterricht. Geführte Ausritte kosten ab150 DKK. Weitere Infos bietet der Dansk Ride Forbund *[Brøndby Stadion 20, 2605 Brøndby, Tel. 46 26 28 28, www.rideforbund.dk oder www.visitdenmark.de]*.

Auf dem Pferderücken den Strand erkunden

Sport, Spiel und Spaß

Wer es eher historisch mag, kann im **GERLEV LEGEPARK** auf Seeland 100 historische Spiele ausprobieren – Kräfte messen wie zur Zeit der Wikinger und Gesellschaftsspiele aus der Bauernkultur. Entwickelt wurde der Familienspaß von der Sporthistorischen Werkstatt und der Sportvolkshochschule Gerlev. *Skælskør Landevej 28, 4200 Slagelse, Tel. +45 58 58 40 65, www.gerlev.dk, Osterferien, Ende Juni-Mitte Aug u. KW42 tgl. 10-16 Uhr, Kinder (4-13 J.) 50 DKK, ab 14 J. 80 DKK.*

Segel, Bretter, Schnorchel, Paddel
Beliebte Segelreviere wie das südfünische Inselmeer, Seeland oder Bornholm locken Wassersportler aus aller Welt an. In Smålandshavet und Limfjord geht es ruhiger zu. Sportliche Herausforderungen bieten die Segelregatten Fyn Rundt oder Sjælland Rundt. Erfahrene Skipper können Jachten aller Art samt Ausrüstung mieten. Ein Segelboot kostet zwischen 4.600 und 17.000 DKK, ein Motorboot 4.300 bis 9.000 DKK, ein Motorsegler 5.200 bis 17.000 DKK (jeweils pro Woche). Für alle, denen die konventionelle Seefahrt zu

Mit dem Kanu die Natur entdecken

langweilig ist, bietet das **MARITIMT CENTER DÄNEMARK** Touren auf historischen Schiffen *[Havnepladsen 2, 5700 Svendborg, Tel. +45 62 80 02 14, www.maritimt-center.dk]*. Surfer toben sich derweil an der rauen Westküste aus. Der Fischerort Klitmøller gilt als europäischer Surfer-Treffpunkt. Anfänger machen erste Versuche in einer der 23 Windsurfschulen, die auch Segel und Brett verleihen. Hier wird auch Kitesurfen angeboten. Weitere Informationen erteilt die Dansk Brætsejler Organisation (www.dbo.dk). Ob Wrack-, Nacht- und Strandtauchen bzw. Archäologietouren – auch für Taucher hält Dänemark viele Angebote bereit. Vor allem am Kattegat und am Kleinen Belt werden Kurse angeboten und Ausrüstungen vermietet. Weitere Infos beim **DANSK SPORTSDYKKER FORBUND** *[Idrættens Hus, Brøndby Stadion 20, 2605 Brøndby, Tel. +45 43 26 25 60, www.sportsdykning.dk]*. Die flachen dänischen Gewässer sind für Kajak- und Kanutouren attraktiv. Besonders idyllisch ist es im Ringkøbing und Roskilde Fjord. Da die Kapazitäten begrenzt sind, sollten Sie frühzeitig buchen. Mit dem Kajak gelangen Sie auch in die Fjorde. In der Helsnæs-Bucht in Südfünen werden geführte Touren angeboten. Aber sogar in Kopenhagens Kanälen kann man eine Eskimorolle erlernen oder Wasserpolo spielen (www.kajakole.dk). Kanus und Kajaks kosten 580-800 DKK/Tag. Infos bietet der **DÄNISCHE KANU- UND KAJAK-VERBAND** *[Brøndby Stadion 20, 2605 Brøndby, Tel. +45 43 26 20 94, www.kano-kajak.dk]*.

Pack die Wanderstiefel ein!

Wandern ist vielleicht die schönste Art, Dänemarks vielfältige Natur zu erleben. Bei rund 7.000 Kilometern markierten Wanderwegen fällt die Tour-Auswahl schwer. Zu den Highlights gehören der Nordseewanderweg, der Inselmeerpfad auf Fünen und der Heerweg durch Jütland. Der Gendarmenpfad in Südjütland führt auf 74 Kilometern am Meer entlang; hier patrouillierten noch bis 1958 Grenzgendarmen. Besonders schön sind Wanderungen durch die Nationalparks. Eine Übersicht über Wanderwege und Wanderrouten findet man unter www.visitdenmark.com.

Index

Impressum

VERLAG: COMPANIONS GmbH,
Hopfensack 19, 20457 Hamburg,
Tel. 040-306 04-600,
E-Mail: info@companions.de,
Internet: www.companions.de

AUTOREN: Carl Undéhn (Überarbeitung der Neuauflage)
Marie Fischer (Tour 8, Attraktionen)
Lennart Hansson (Kinderfreundliche Strände, Touren 2, 3, 6, 7, 9 und 10)
Inken Kahlstorff (Dänemark für Eltern und Kinder, Gut zu wissen)
Christoph Schumann (Touren 1, 4 und 5)
LEKTORAT UND SCHLUSSREDAKTION:
Svenja Runciman
SCHLUSSKORREKTUR: SchlussBlick
GESTALTUNGSKONZEPT: Finny Nguyen
LAYOUT: Cornelia Prott
DRUCK UND BINDUNG:
DZA Druckerei zu Altenburg GmbH

ISBN: 978-3-89740-743-5

BILDNACHWEISE:

VisitDenmark (Niclas Jessen S. 2, 5, 6, 8, 11, 15, 17, 27, 40, 77, 81, 91, 93, 94, 97, 98, 100, 101, 108, 122, 123, Mette Johnsen S. 3, 22, 104, 110, Kim Wyon S. 13, 28, 44, 46, 50, 114, 118, Bente Jønsson S. 16, Nicolai Perjesi S. 25, Poul Erik Østergaard S. 31, Bach fotografi S. 35, Holger Leue S. 46, John Sommer S. 59, Friheden Svinggyngerne S. 64, Bent Næsby S. 72, Devid Rotasperti S. 74, Hanne Fuglbjerg S. 109, Wedigo Ferchland S. 112, Bang Clemme Film & Openhouse S. 119, Mark Trustrup S. 125)
Fotolia.com (Bernd Jürgens 12, ASonne S. 18, Doin Oakenhelm S. 19, Dagmar Richardt S. 20, Mikkel Damm S. 21, MAK S. 23, Aldorado S. 24, Cmfotoworks S. 26, 75, 117, Frankix S. 29, 34, 48, 67, Manok S. 38, 83, Thomas Kranenberg S. 42, Milan Kuminowski S. 43, Helle S. 53, pixs-sell S. 54, Giumas S. 57, Svein Otto S. 58, Jason Vosper S. 60, ttinu S. 63, Kristina Rütten S. 66, Juhumbert S. 70, Piotr Pawinski S. 78, mhfotosmile1 S. 85, Dan Race S. 92, Mickan S. 96, Bayleeoglouie S. 116, Jeancliclac S. 124)
Ribe Turist S. 32, Steven Mayo-Smith S. 33, Hans Klüche S. 37, 45, 61, 73, 76, 79, 80, Skandinavisk Dyrepark S. 51, Naturhistorisk Museum, Aarhus S. 52, Odense Zoo/Ard Jongsma S. 55, Statens Museum for Kunst, København S. 69, Ribe Vikingecenter S. 82, 121, Legoland, Billund/Robert Lacy S. 84, Elmuseet S. 86, VisitAalborg S. 87, Danfoss Universe S. 88, Djurs Sommerland S. 89, Kattegatcentret S. 90, Hans Juhl/Experimentarium S. 95, Østdansk Turisme S. 103, Legoland Hotel S. 107, Robert Lacy S. 115
Cover: Stocksy/Boris Jovanovic
Karte: Karthographiebüro Jochen Fischer